Minerva Shobo Librairie

はじめて学ぶ
教職論

広岡義之

［編著］

ミネルヴァ書房

はしがき

　私たちはこれから『はじめて学ぶ教職論』を学ぼうとしている。本書は「教職の意義等に関する科目」（教職論）のテキストとして編集されたものである。教職および教職をめぐる組織や環境，制度について可能なかぎり具体的に解説することを試みた。教師の資質能力とはどういうものか，教える・学ぶについて重要な視点とはどのようなものか，先人の思想についても学ぶことができるようになっている。さらには現代の教育改革の最新の動向にも対応しているのみならず，教職と，教職をめぐる法・制度，環境をわかりやすく解説している。
　「教職論」を学ぶもう一つの重要な目的は次のようなものであると編者は理解している。すなわち，真実の生き方や誠実な人間観や世界観をもつことが，すべての教師に求められているということの再認識の場にしなければならないということである。「教育は人なりとはどういうことか？」という問いは，しばしば教員採用試験の面接や小論文等で課せられる中心的なテーマである。では，なぜしばしば「教育は人なり」の意味が，繰り返して問われるかといえば，それはつまりこのテーマの核心に受験者が迫れば迫るほど，その受験者がどれほど教育に真剣に取り組んでいるかが問われるテーマを内包しているからである。この問いの核心に応えることができるためには，常日頃から，真実の生き方・誠実な人間観や世界観を意識した生活をしていなければならない。
　昨今の錯綜する教育問題のほとんどは，こうしたぶれない人間観や世界観をもっていなければけっして解決できず，そしてそれらの困難を乗り越えてゆくこともできない。要は，どれほどの技術や専門知識があろうとも，子どもたちに対してどれだけ柔軟にしかも筋を通して学校の学びの中で真剣に向かい合うことができるかが，教師の力量として一番求められている能力なのである。子どもたちに対してどれだけ人間的魅力や教育的ユーモアをもって接することができるか，換言すれば，人生や自分自身にどれだけ誠実に，また幅広い教養を保持しつつ生活しているかが，私たち教師に問われている大きな課題なのであ

る。未成熟な子どもたちを受け止める「ふところ」の深さを育みつつ誠実に教育実践をしている教師が，今の学校現場では切に求められているともいえよう。

　本書はテキストという性格上，内外の多くの研究者の成果を援用させていただいたが，引用注は省かざるをえなかった。その代わりに，各章末に参考・引用文献というかたちで諸文献を紹介させていただいた。これらの方々にお許しを請うとともに厚くお礼申しあげたい。

　このたびの本書公刊にかんして，今日の困難な出版事情のもとにあって，快く出版を引き受けていただいたミネルヴァ書房編集部の浅井久仁人氏には，企画段階からきめ細かいご配慮をいただき，深甚（しんじん）なる謝意を表する次第である。現代社会における教育状況をしっかりと把握し，そこから今後の教育研究の重要性を自覚する中で，著者たちはさらなる研究に取り組むつもりである。顧みてなお意に満たない箇所があることにも多々気づくのであるが，これを機会に大方のご批判，ご叱正，ご教示を賜り，さらに，この方面でのいっそうの研究に努める所存である。

　　　2016年10月31日

　　　　　　　　　　　　　　　　　　　　　　　　編著者　広岡　義之

はじめて学ぶ教職論　目　次

はしがき

第1章　教職の意義と教師に求められる資質・能力 …………………… 1
　　1　教師とは何か ………………………………………………………… 1
　　2　教員の資質・能力 …………………………………………………… 7
　　3　学び続ける教師 ……………………………………………………… 13

第2章　教員養成と教員免許状制度 ……………………………………… 18
　　1　大学での教員養成の実際 …………………………………………… 18
　　2　教員免許制度の概要 ………………………………………………… 23
　　3　教員採用試験とはどのようなものか ……………………………… 29

第3章　教員の研修および教員の任免と服務 …………………………… 37
　　1　教員の研修 …………………………………………………………… 37
　　2　教員研修の実施体系 ………………………………………………… 41
　　3　教員の服務 …………………………………………………………… 47
　　4　教員の身分保障と懲戒・分限 ……………………………………… 52

第4章　初等・中等教育と教員 …………………………………………… 56
　　1　幼稚園教員の実際 …………………………………………………… 56
　　2　小学校教師の実際 …………………………………………………… 61
　　3　中学校教師の実際 …………………………………………………… 67
　　4　高等学校教師の実際 ………………………………………………… 69

第5章　管理職・主任の役割 ……………………………………………… 72
　　1　学校現場の課題 ……………………………………………………… 72
　　2　校長の職務と求められる資質・能力 ……………………………… 73
　　3　副校長・教頭の職務と求められる資質・能力 …………………… 78
　　4　主幹教諭・指導教諭の職務と求められる役割 …………………… 83

5　主任等の職務と求められる資質・能力……………………………… *86*

第6章　教師の仕事…………………………………………………… *92*
　　1　学校制度と教員……………………………………………………… *92*
　　2　教員の身分と種類…………………………………………………… *94*
　　3　教員の仕事………………………………………………………… *101*
　　4　学級経営および学校運営………………………………………… *105*
　　5　保護者，地域との連携…………………………………………… *107*

第7章　学級担任の仕事……………………………………………… *110*
　　1　学級（ホームルーム）とは……………………………………… *110*
　　2　学級経営の展開…………………………………………………… *112*
　　3　担任として心がけること………………………………………… *125*

第8章　教師の職場環境……………………………………………… *128*
　　1　教師の勤務実態…………………………………………………… *128*
　　2　教師の悩みと不安………………………………………………… *132*
　　3　教師の権威失墜と教師と子どもたちとの間の教育関係の変化……… *138*
　　4　保護者対応………………………………………………………… *142*
　　5　学校教育の軌道修正の必要性…………………………………… *144*

第9章　教職の歴史…………………………………………………… *147*
　　1　古代から近世までの学校と教師………………………………… *147*
　　2　近世（江戸時代）の学校と教師………………………………… *149*
　　3　明治・大正期における学校と教師……………………………… *151*
　　4　太平洋戦争前後における学校と教師…………………………… *154*
　　5　戦後の学校と教師………………………………………………… *156*
　　6　現代の学校と教師………………………………………………… *158*

第10章　現代社会の諸課題と学校・教師………………………… *163*
　　1　生涯学習社会における学校教育と教師のあり方……………… *163*
　　2　教師の気づきと特別なニーズに応じた教育支援……………… *171*

3　今後の学校の新たなあり方をめぐって……………………………………… *174*

第11章　先人のおしえに学ぶ教育実践の知恵………………………… *178*
  1　教師の人間としての在り方生き方の知恵………………………………… *178*
  2　「教え」・「学習指導」（教育方法・実践）の知恵………………………… *184*
  3　校務分掌の知恵……………………………………………………………… *188*
  4　生徒指導の知恵……………………………………………………………… *190*

第12章　学校教師の役割としての進路指導………………………………… *193*
  1　進路指導の概念と意味……………………………………………………… *193*
  2　キャリア教育と進路指導…………………………………………………… *197*
  3　進路指導の実際と課題……………………………………………………… *208*

人名索引／事項索引

第1章

教職の意義と教師に求められる資質・能力

　「限定は否定である」（スピノザ）という言葉がある。教師への就職を希望する声が聞かれると、指導者である大学教員は正直嬉しいものである。だが他方で「とりあえず免許でもとっておきたい」「教職課程があったから」「なんとなく履修してみようかな」といった消極的な動機を耳にする時、その程度の理由で教職課程を成し遂げることが果たして可能だろうかと疑問に思う。二次的あるいはそれ以下の順位の動機で教職課程を履修することは、本来の教職課程の学びを軽視し否定してしまいかねない。

　所定の教職の学びは多岐にわたり非常に重要である。加えて保護者や社会からの期待を考えて懸命に学びとる必要がある。実際、免許の要件を十全に保持している者全てが善き教師であるかといえばそうでない。免許は必要だが内実を豊かにすることが求められる。その内実が人間性、専門性、社会性という教員としての資質のことである。本章では、多くの職業のうちの教師という位置づけ、先行研究の動向、これからの教師等について基本的な考え方を展開してゆく。

1　教師とは何か

　人類のはじまりから親子関係のように教育活動は行われていたと考えられるが、教育機関としての学校が登場し、教育を制度上、社会の問題として取り扱いはじめたのは厳密な意味においては近代においてである。新たな社会施設としての学校の登場に伴い、そこで活躍する人々が教職員である。学校教育は意図的教育の場として、それ以外の教育の場とは性格を異にしている。そのため

学校教育は目的的，計画的，意図的という性格をもつ。また学校に課せられた教育目的についても，教育基本法，学校教育法をはじめとする法的規定をはじめ，家庭や地域社会さらには地球規模や人類的視点から期待される部分もある。学校がどこに向かうのか，そして学校運営の主要な構成員である教職員はどのような役割と働きがあるのか。

まずは言語的な解釈から見てみることとしよう。

（1）教育職の用語のいろいろ

教育職を表わす用語としては，教師，教員，先生，教諭［小・中学校，高等学校などの教員の職名（『広辞苑』）］，師範，師匠，師，大夫，教誨師，士師［指導者・イスラエル］，教父［正当なキリスト教を教え弁護する人，道を世に伝える人（老子）］，訓導などがあり，英語では，teacher［教える人，教師，先生］，professor［教授以外に，口語で男の教師］，adviser［指導教師［教官］］，lecturer［講演者，訓戒者］，nurse［看護師の意味以外にも乳母，保母の意味がある］，helper［助手］等が挙げられる（『リーダーズ英和辞典第1版』）。

教師は，塾教師，家庭教師などと言われ俗称として用いられる。『広辞苑』によれば，教師とは「①学術・技芸を教授する人。②公認された資格をもって児童・生徒，学生を教育する人。③宗教上の教化をつかさどる人。」とある。法律によれば，教員は学校教育法第1条に定める学校のうち大学を除く各教育機関において教育職に従事する者を意味し使用される用語で，法律においては教育職員と称せられ，これを教員と呼び慣わすことをも示し（教育職員免許法第2条），「公的に認定された資格を持って意図的な教育活動に専門に従事する公職者を意味」するという（広岡 2008：37）。

西欧語の教育職を表す用語としては，古代ギリシア語の διδάσκαλος（ディダスカロス・教師），παιδευτής（パイデウテース・教師），παιδαγωγός（パイダゴーゴス・家庭教師）が挙げられ，特に最後の用語は，少年を家庭から学校へと連れて行き，また連れて帰る召使いの意味（子ども［パイス］を連れて行く［アゴーゲー］から成る合成語で，そこから教師，指導者という意味）が付与されている。同じく σοφιστής（ソピステース・職業的教師）として，有力子弟

を中心に高額な報酬を得て通俗教育を行ったことも知られている。またラテン語では doctor（ドクトル），magister（マギステル）が挙げられ，magister（古語で先生，師，特に学者への呼びかけ）は余り馴染みがないかもしれないが，Doctor は（博士，医者，学者）としても使用されている。

（2）多様な職業の中の教職・分類

　職業としての教員を考察する場合，他の職業とどのような相違が見られるだろうか。職業選択としての分類で参考となるものがある。現在，約3万弱の職業の種類が存在しているといわれている。数多くある職業の中で教員という職業は以下のように位置づけられている。

　厚生労働省のホームページには，厚生労働省編職業分類というものがある。これは職業紹介機関が利用する職業の分類基準ともいうべきもので，大分類，中分類，小分類，細分類に分けられており，大分類の項目としては，「A 管理的職業」「B 専門的・技術的職業」「C 事務的職業」「D 販売の職業」「E サービスの職業」から「K 運搬・清掃・包装等の職業」に至る11の項目が挙げられている。教員は，大分類の「B 専門的・技術的職業」の中の20の中分類の項目中の，「19 教育の職業」に位置付けられている。この「19 教育の職業」には，小分類項目として，幼稚園教員，小学校教員，中学校教員，高等学校教員，中等教育学校教員，特別支援学校教員などがある。

　文部科学省のHPによれば，「教員を目指す皆さんへ」と題した案内や，同省初等中等教育局教職員課が作成した「教員をめざそう！」というパンフが公開されている。その資料（先の厚生労働省のHPに添付）によれば，「大人になるための基礎的な学力，体力，そして人格が形成される場である小学校で，一つの学級の担任として，国語，社会，算数，理科，生活，音楽，図画工作，家庭，体育，道徳，特別活動，新設された総合的な学習の時間まですべてを教える」（小学校教員），「中学生に，国語，社会，数学，理科，音楽，美術，保健体育，技術・家庭，外国語（主に英語）などの教科を専門的に教え，道徳，総合的な学習の時間，特別活動の指導に当たり，学級を担任する」（中学校教員），「高等学校（中高一貫校を含む。以下高校という）において，それぞれの

担当教科を専門家としての学識をもって生徒に教える」（高等学校教員）とある。

　もちろん，これらだけの内容をもってのみそれぞれの職業領域を示しているとすることは正しくはない。その資料にも述べられているが，学校教員は，教科（小学校では全科を担当）担任として，また多くはクラス担任をも兼ねることによって，学習指導のみならず，児童生徒の総合的な教育活動に携わり，学校運営を組織として行っていくことが求められ，また個々の事例に応じた適切な対応や指導，処理が求められる。

　そのため教員は，他の職と比較して，①人間を対象としていること，しかも心身ともに成長段階にあり時には未熟で多感な状況を迎えつつある青少年を多くは対象としていること，②社会性を育むことが求められる職業であること，③経済活動を中心とする企業等の多くは功利的な考え方によって経営されているのに対して，学校で働く教員は児童生徒の全人性に関与し実存的契機とでもいうべき児童生徒にとっては一回限りの教育場面で働くことを意味する等の相違を挙げることができよう。

（3）免許：法的位置づけ，種類

　学校の教員になるためには，原則，教員免許状の取得が必要である。免許には，大学院や一部の専攻科において取得可能な「専修免許状」（その場合，該当教科の一種免許状を有していること，修士相当の学位をもつこと），大学において取得可能な「一種免許状」（学士の学位をもつこと），短大において取得可能な「二種免許状」（短期大学士の学位をもつこと）の，3種類の普通免許状の種類がある。またこの①普通免許状以外に，②特別免許状，③臨時免許状の各制度がある。

（4）教員というライフコースの確立

　教員への途は，資格を必要とする専門職として位置付けられ，大学等の機関でかつ文部科学省の認定を受けた教職課程を有する課程を経て免許を取得することが第一歩である（但し教員資格認定試験もある）。そして採用に至る次の

段階を突破しなければならない。もちろん、教員というライフコースは、現代の多様なライフコースの在り方によっても多様化しており、たとえば、大学で教職課程を履修し免許取得後、そのまま一般就職（教職以外の職に就職）し、数年後に改めて学校教員になりたいと思うことで教員になるパターン［但しこのパターンは各種体験や教育実習を受け入れる側や本来職業選択の第一希望を前提とする養成機関（大学等）にとって歓迎されない考え方である］や、大学在籍中には教職課程を履修せずに、卒業後、社会人として活躍する中で、通信制の大学や科目等履修制度等を利用して教職免許状を取得し、教員採用選考試験に合格して教員となるなど複数の在り方が考えられる。ここでいえることは、教員免許状の取得には多様な方法があり、それらの修得の特徴を踏まえて堅実に履修して免許を取ることが求められるということ、さらには最短コースによって免許取得をしなかった者が改めて教師になる強い意志によって履修し直すことも可能であるということである。また先の説明と若干矛盾するが、一旦社会人を経験した後に、学校教育に参入することが、新卒者よりも社会性や実践力、行動力が身についている等と判断され評価される場合もある（参考、受験資格の年齢上限の緩和）。

　免許については、学校の種類別（校種という）ごとの教員免許状が必要となっており、教員免許状は、都道府県の教育委員会から授与される。そのため教員をめざす者は資格を有することの意味についてまずは考えることになるだろう。

　特に日本の教師像は、戦前の教員養成機関であった師範学校によって大きく影響を受けてきた。学制が発布された同年に、東京に師範学校が設立され、初代文部大臣森有礼が関与してできた『師範学校令』（1886（明治19）年）によれば、師範教育の3要素ともいわれる「順良・信愛・威重」が掲げられ、教師に対する敬意については「三尺［約90cm］下がって師の影を踏まず」といわれた。また兵式体操などを取り入れることで身体面のみならず精神面にも影響を及ぼした。戦後は戦前の形式的で融通のきかない教師像への反省に立ち、開放制の教員養成制度が確立された。開放制の特徴は、戦前のような師範出身の教員ではなく、各専門に基づいた多様な教員を輩出することのできる制度である

ということができる。そして，戦後，労働者としての教員という考え方や，「デモシカ」教師という風潮も登場した。また近年では「サラリーマン教師」という語も聞かれるようになってから久しい。

　また外国の教師像に目を向けてみると，特に師弟関係で有名なものには，古くはケイロンと英雄アキレウス，永遠の教師としてのソクラテスと西洋のイデア思想の代表であるプラトン，プラトンと万学の祖アリストテレス，そのアリストテレスとアレクサンダー大王，イエスとその使徒たち，アンブロシウスと教父の代表アウグスティヌス，精神的師であるヴェルギリウスと中世のイタリアの代表的文人ダンテ，12世紀最大の教師アベラールと才女エロイーズ，ヴェロキオとルネサンス三大芸術家の一人レオナルド・ダ・ヴィンチなどが挙げられる。これらの例は，著作の中でも教師の偉業に改めて気づかせてくれる。

　もちろん，特定の師をもたずに自らが運命を切り拓き，立派な業績や働きをなした人物が多く存在している。しかし，「人間は努力する限り迷うものである」（ゲーテ）と称されるように，ほとんどの多くの人間は単独では何事もなしえず，さらには教育や向上心がなければプラトンの「エロース論」[師弟愛や教育愛でもある]を持ち出すまでもなく堕落し，ついには人間として生まれながらも動物的存在にまで堕落してしまう危険が常に伴い，人間は弱い存在である点も否めない。そんなとき，自らを導いてくれる存在，相談に乗ってくれる存在，時には話し相手になってくれる存在を，親にではなくまた友人にはなく，専門的立場からの教師が必要となる，とはいえないであろうか。森信三は，定年を迎えるにあたってはなむけの言葉として教員を希望する学生に「この二度とない人生を，多少とも意義あるように生きるためには，われわれ人間は，どうしても自分の師とする人を求めねばならぬ」と述べ，国語教育で有名な芦田恵之助も「私は一生に七人の師匠をもった」と引用している（森 2006：70）。

　また学校における教師の役割を考える際に，単に指導者というだけではなく，人生の先輩として，時には保護者の代わりとして，さらには同じ人間として児童生徒に接することが求められることが必ずあり，人を人として導く役割が教師にはあるといえるのである。

2 教員の資質・能力

(1) 教師の資質・能力とはどのようなものか？
① 免許（法）に定める内容

　教職に就くことを希望する学生は，教職免許状を取得しなければならない。この免許状取得の方法としては，法令上定められた要件を満たし都道府県教育委員会に申請して教育委員会から交付を受けることが必要である。そのため教員免許状は国家資格ではないものの，近年，この教員免許状を国家資格化として再整備しなおそうという動向も見られる（参考，2015年5月12日ウェブ版産経ニュース）。その背景の理由の一つに，教員の資質低下の問題が挙げられる。

　2006（平成18）年に改正された教育基本法の第9条には「法律に定める学校の教員は，自己の崇高な使命を深く自覚し，絶えず研究と修養に励み，その職責の遂行に努めなければならない。」と記されており，同条第2項には「前項の教員については，その使命と職責の重要性にかんがみ，その身分は尊重され，待遇の適正が期せられるとともに，養成と研修の充実が図られなければならない。」と記され，日々成長を遂げる（遂げなければならない）教員のあるべき姿を描き出している。そのため，研修制度も法的に示されているところにも特徴がある（例，教育公務員特例法の職務専念義務免除）。

　教職履修学生にとってその履修の根拠となる教育職員免許法の第1条においては，「この法律は，教育職員の免許に関する基準を定め，教育職員の資質の保持と向上を図ることを目的とする」と定められている。続いて，同法第2条には定義として，「この法律で『教育職員』とは，学校教育法第一条に規定する幼稚園，小学校，中学校，義務教育学校，高等学校，中等教育学校及び特別支援学校並びに就学前の子どもに関する教育，保育等の総合的な提供の推進に関する法律第二条第七項に規定する幼保連携型認定こども園の主幹教諭，指導教諭，教諭，助教諭，養護教諭，養護助教諭，栄養教諭，主幹保育教諭，指導保育教諭，保育教諭，助保育教諭及び講師をいう」と定められている。

　なぜ，教員免許状が法律に基づいて規定され，「教育職員は，この法律によ

り授与する各相当の免許状を有する者でなければならない」（同法第3条）といわれているように学校での指導を有資格者に限定しているのだろうか。そこには教育職員として求められる内容が存在していることが理解できるだろう。文部科学省のHPでは、「教員免許制度は、公教育を担う教員の資質の保持・向上とその証明を目的とする制度であり、学校教育制度の根幹をなす重要な制度の一つです」と述べている。すなわち、教員を免許制により定めている理由には、①公教育の担い手である教育職員として一定水準を免許によって証している、②教員の資質低下を防止し資質向上を目指している（研修、更新制）、③ある程度の教科の専門性と校種に応じた教師力を担保する働きをもつ、④多くの国民に関わる重大で社会的影響力のある教員という職業を位置づけている、ともいうことができるのではないだろうか。

② 教員養成機関が求める内容

　これは、主として教員養成機関が履修者に求めようとする内容のことである。各大学等では、高等教育としての研究・教育の理念のもとに、専門教育のカリキュラムを設定し教職課程の認可を受け、さらに独自の専門的実践的観点から教育者を養成している。各大学では、より望ましい教員を養成するため、また専門性を高めるため、カリキュラム上の工夫がなされていたり、早い段階から学校現場等と連携し見学や実習活動を取り入れている大学もある。また教職課程の一つの到達点でもある「教育実習」に参加できる要件を独自に設定し、質の保証に努めている。さらには、教職課程以外の授業において、教員採用選考試験合格のための実践的な演習や場面指導、集団討論、小論文指導、教養、専門の各指導などを行い、免許取得と就職への連携を高めているところが多い。

③ 採用側の意向

　これは、主として教育委員会が教員採用選考試験で求める内容のことである。この中には、社会や保護者からの期待が含まれるべきであるが、過去において教育委員会の機能の不十分さが指摘されたことがあった。そのため社会や保護者からの期待を教員採用に生かしてゆく必要があるであろう。また受験者もそ

れらの点を慎重に考え自らの果たすべき役割を理解しなければならない。そのため，教員志願者の理由，動機はもちろん，社会からの要請を考慮することが特に重要になり，それらの点を重点的に採用側は求めることになるだろう。

　すでに，各都道府県（指定都市）教育委員会では，期待すべき教員像を掲げ，採用選考試験を実施している。近年の教員採用試験では，従来の学力重視の視点から人間性重視（これを人物重視であるとか人物評価といわれている）の傾向がみられるようになっているが，依然として教育活動の大部分は専門性である。

　文部科学省では「都道府県・指定都市教育委員会が求める教員像」を取り纏めている。その発表によれば，「教科等に関する優れた専門性と指導力，広く豊かな教養など（66自治体中61自治体）」，「教育者としての使命感・責任感・情熱，子どもに対する深い愛情など（66自治体中50自治体）」，「豊かな人間性や社会人としての良識，保護者・地域から信頼など（66自治体中44自治体）」，それ以外に，組織の一員としての責任感や協調性，円滑な人間関係，心身ともに健康，高い倫理観，積極性やチャレンジ精神，郷土愛などを挙げている。

④　文部科学省の方向性

　文部科学省では，図1-1のように「教員に求められる資質能力」を挙げている。

　また，政府の教育再生実行会議は，教員の資質向上に関する提言（養成，採用，研修の各段階で国がより積極的に役割を果たすよう求める）を首相に求めている（『読売新聞』2015年5月20日社説）。それによれば，「資質向上策の一つは，教員が経験に応じて習得しておくべき能力を示す「指標」の導入だ」と述べ，「国や大学や教委と協力して策定する」と述べられている。また他の提言としては「教員採用試験の共通化」の可能性も含まれているようであり，これまで教育委員会毎に作成されている採用試験を統一する方向性で模索することが予想される。具体的な内容は不明であるが，制度として指標を導入することが教員の資質向上と学校教育の向上に対しどのような積極的な意味合いが見られるのか，また採用選考試験の共通化の動きについては合理的であるという点では

図1-1　教員に求められる資質能力

（出典）　文部科学省HP.

評価できるが，制度を導入するに際して多大な労力と経費，管理と運営の問題，そして地方教育行政上の固有の課題や問題を採用選考試験問題として取り扱う必要がある場合などはどのような形式となるのか等，慎重に制度を検討する必要があるだろう。

（2）先行研究の一部を紹介

① G. ハイイットの『教授法』（*The Art of Teaching*）から

　スコットランド生まれのギルベルト・ハイイットは，『教授法』（1952）において，教員としての資質にアプローチしようとしている。この書は日曜学校の教師の手引きとして位置づけられていると付記されている。本書の独自性はリベラル・アーツや古典学の深い理解と認識に基づいた教育理論，教師論，教育方法論の展開にある。彼によれば教育方法は「一般的には変わるものではない」という，我が国における教育の不易流行の議論にも見られるように，教育方法に不易の余地を見出している。つまり，古典学や教養に根ざした確固たる学問論に基づき，彼にとっては不易とは教養教育を意味しているが，それに基づいて展開される彼の教育理論は「教師という職業」が有する利点（彼は3点

[閑暇を有すること，価値的内容を教師が教育作用として活用すること，教育の対象を好むこと]を挙げている）から補強され，最終的には，善き教師の必須要件を5つの特徴（①教師は主題を知らねばならない，②教師は主題を好きにならねばならない，③児童生徒を好むこと，④児童生徒を知ること，⑤以上の以外の事柄（教師はユーモアが必要，善き教師の能力に気づいておくこと，若者と壮年との橋渡しを行うこと）を認識しておく必要があるとしている。

続いて教師の方法としての技術的側面が検討される。この理論は「準備」にはじまり，「コミュニケーションを重視する教育理論」，「個人指導」，そして「印象づけ」の重要性から成り立つ。それぞれの要因には細分化された特徴が挙げられるのであるが，特に授業の筋道と結論（→論理性）についての認識を深め，現象の構造化を明確に教師は意識すべきであり特筆すべき問題の指摘と確認が重要だと論じている。

② R. ウェルカー（ヴィッテンバーグ大学）

アメリカの教育学者ロバート・ウェルカー（Robert Welker）は，その代表作『専門家としての教師』（*The Teacher as Expert*, 1992）の中で，教師という職業を専門家としてどのように位置づけるかについて多くの論者の見解を交え論じている。以下では，欧米の教師論研究の動向を簡単に知るために幾人かの考えについて一部を紹介したい。

彼によれば，専門家とは19世紀の官僚制の登場において生じてきた概念であり，「19世紀に学校，病院，裁判所，そして野球練習場においてさえ，専門家としての権威と能力の位置を同一視するようになってきた」（原典 p. 15）という。また彼によれば，ウィラード・ウォーラーの『教授の社会学』（1932）の出版に至るまで専門的教育職（Teaching Profession）の主要な研究は何ら存在していなかった，という（p. 48）。

彼によれば，1920年，30年と時代を経るにつれ，アメリカでの一般教師に対する監督者の割合が徐々に高まりつつあり，また監督者は，特定の能力を示すだけではなく，権威，支配をも示すようになった。また1970年前後から，学校における一般クラスよりも，専門に特化したクラスの人数がかなりの割合で増

加し，専門家のニーズが高まった（p. 7～）という。

また学校改革運動に教師が中心的に関わるようになり，その結果，少数のエリート教員集団が結成されることになったことも指摘している（p. 9）。専門家としての教師が考える適切さというものが特定の文脈を獲得し始め，教師から専門家への移行は，あたかも医師が専門家へと変容するのと同様に，「教育を担当する専門家」としてなだらかに登場しつつあった（p. 11）という。

教師論研究家（キャラハン，コリンズ，タヤック）の3名は，専門家としての技術的指導，テスト，プログラム学習，学校の歴史的記録，政治的倫理的問題への技術的応用について，それぞれ研究を行ってきた（p. 11）。タヤックは，進歩主義教育運動［1900年代から展開された児童中心主義の教育改革運動のこと］がそれまでの動向とは異なる傾向を持ち始めることを指摘し，その変化しはじめた動向を牽引した人物として，エルウッド・カバリー［教育史家としても有名］とジョージ・S.カウンツ［米国の教育行政家として有名］を挙げている（p. 12）。またジェーン・アダムズ［ハル・ハウスで有名なセツルメント運動の先駆者］を社会再構築主義者の先駆者として特定の集団への教育の機会提供の可能性について取り上げ議論している（p. 12）。

それ以外にも，教師を社会学的観点から見たとき，2大社会学的研究であるウィラード・ウォーラーとダニエル・ローティーによる各研究が挙げられ，ウォーラーは，高度に専門化し組織化された制度内において教師の行う役割には限界が存在するとして危惧し，またローティーは，技術的下位文化の発展に繋がる可能性に危惧し，一層独占的な専門性の必要性を提唱している（同書第3章）。

科学的教育思想に重点を置く教育研究家（ソーンダイク［米国の代表的教育心理学者］，G. S. ホール［米国の心理学者］）の教師教育への改革（p. 17-），20世紀に教師改革に尽力した人たちのうち新教徒の学者たちが果たした役割（「宗教的メタファー」という言葉で本文では使用される）について（pp. 17-18）も触れられている。

教職の中でもアカウンタビリティ［責任・職責］に注目したダニエル・ローティーの専門家・プロとしての教師という主張も取り上げられている。彼によ

れば，アカウンタビリティは，官僚制社会から採用された概念であるという（pp. 55-56）。同じくジョン・グッドラッドは，公的要請（「専門家が関与する事柄のためのサービスを提供すること」）と責任とを関連づけて捉え，「組織における特定の生産的在り方におけるその義務を遂行し責任を感じるときにはじめて，官僚制度の最良の結果が得られるのだ」とも指摘している（p. 56）。

またポール・グッドマンは，共同体（社会）が有する固有の側面（とりわけ，仕事，発言の機会，有益と思われる機会をいずれも喪失しており，芸術，科学を欠き，名誉は存在せずなど）を有した社会組織よりも，より自由であることを称賛し，「公立学校はもっとも非効率的で非人間化する官僚システムの一つである」「学校修道院」(p. 68) として社会制度に価値を置く考え方よりも，自由に価値を認めている。

ウォーラーによれば，イリイチ，リーバーマン，フリードマンらの幾人かの論者は，信用を保証するもの（クレデンシャル）と免許発行の必要性の，二つを必要としない世界を描き出そうとしていると述べ，専門家の能力として課する多くの期待は，訓練と技術の両方によって名誉が付与される必要がある，という見解を紹介している（p. 129）。

以上の指摘は詳細に検討する余地はあるものの，たとえば仮に教職に免許が不要だとしたらどうなるか，また教師の裁量権の拡大の方向性によって学校教育はどのようになるか，など学校社会や教師の役割を考察するのに新たな視点を提供するものになるかもしれない。

3　学び続ける教師

(1) J. トンプソンの初任者教員のためのチェックリスト

教師の資質に関するユニークな書物が存在する。ユリア・トンプソン，『初任者教師のチェックリスト』(Julia G. Thompson, *The First -Year Teacher's Checklist,* Josseybass, 2009) によれば，初任者の教員を対象としていわばチェックリストの方式で，各観点における要点が確認できる項目を掲げている。その一部を以下に紹介する。

第1部　専門的教師となる
第1章　専門的発展はあなたと共にある
　リスト1-1　専門性（プロフェッショナリズム）の原理によって導かれること
　リスト1-2　あなたに何が期待されているか
　リスト1-3　あなたの職歴をいかに引き受けるか
　リスト1-4　［原著に挙げる］これらの容易な段階とともに専門的目標を定める
　リスト1-5　専門的態度を発展させる
　リスト1-6　職場の重要な技術を修得する
　リスト1-7　［原著に挙げる］これらの対策とともに賢明な仕方で時間を管理する
　リスト1-8　担当のクラスにおいて最善の実践を行うやり方
　リスト1-9　評価のための準備を手助けする対策
　リスト1-10　職歴を断固として切り抜けるすべを学ぶ
　リスト1-11　自信を確立する方法
　リスト1-12　反省：成功する教育者となる要点

　ここでは3つの原理が存在し，各原理に4つの警句が挙げられている。
【原理1：あなたとあなた自身の配慮においてあらゆる児童生徒の幸福と成功とを関連づけましょう。】
　・すべての児童生徒を威厳と尊敬をもって取り扱いましょう。
　・児童生徒の学問的および行動的成功に対する高い期待を持つことで児童生徒を名誉に思いましょう。
　・児童生徒が有害なものから離れて安全でいることのできる組織づけられ秩序づけられた教室を維持してゆきましょう。
　・肯定的行動を促進し自己効力感の発達を手助けしましょう。

【原理2：専門的遂行能力の厳格な基準を維持できるようあなた自身を関連づけましょう。】
　・担当する教室において生じることの責任を受け入れましょう。
　・欠点のない道徳的正直さをもってあなたの専門人としての生涯を振る舞いましょう。
　・担当する児童生徒の保護者とともに見事な学校生活に向けてチームワーク

を発揮しましょう。
・教育の複雑さを常に変えてゆくことが専門人としての成長を，個人的責任にまで高めることを認識しておきなさい。

【原理3：担当する児童生徒のため最適な指導を配するよう自分自身を関連づけなさい。】
・すべての学習者の個人的ニーズに合致するよう指導方法を区別してゆきなさい。
・児童生徒が準備するのを手助け，州の基準に基づく合理的目標を達成することができるよう手助けしなさい。
・教育上の最善の実践について配慮し受け入れなさい。
・児童生徒の達成を勇気づける目的のための書面による言語上のフィードバックを提供しなさい。

(Thompson 2009：8)

(3) 公人として，私人としての教師

　公人とは公職にある人という意味である。第3章においても詳述されているが，公立学校の教員の場合，地方公務員法と教育公務員特例法に定める服務規程がある。
　公人の意味する英語は public official, officeholder である。そこには社会から期待される職務があり，その内容を逸脱してしまうと，公人としての立場は当然失してしまうことになるであろう。
　私人とは，公的な立場を離れた一個人という意味である。同一人物が公人としての側面と私人としての側面を併せ持つことは一見矛盾しているように思うかもしれない。しかし現に労働者として生活しなければならない以上は仕事を行う必要があり，また私人としての個人的生活を営む必要性も当然認められる。ところが，この公職に就いている者が私人として振る舞う場合に，部分的に制約が課せられることもある。公人としての側面も私人あって初めて成立する概念であるため，私人としての行動が大きく社会的に問われる立場にあるとも言

えよう。公人としての場合にも当然努力義務があるが，私人としての心がけが大きく関係していることも少なくない。職業人として，専門人としての在り方の形成に，私人としての在り方も大きく関わっているということがいえる。

最近の学校教育を取り巻く状況としてモンスターペアレント対応，学校や教員による説明責任，教員の資質に関連する問題，教師のバーンアウト（燃え尽き症候群）問題なども注目を浴びている。

『反省的実践家』の著者 D. A. ショーンは，専門家が直面する問題として，「効率性のプレッシャーに直面」(p. 17)，「自信の危機の増加的兆候」(p. 14) などを挙げているが，教員が抱える問題を言い当てている。このような視点は，我が国においてもすでに別の文脈で指摘されている（「教師や医師など，『先生』と呼ばれる人々の権威失墜が近年はなはだしい。〜中略〜。事あるごとに教師たちがたたかれる風潮については，〜中略〜通底していた視点がある。かつて『聖職者』は社会から尊敬され，それゆえにノーブレス・オブリージュ（高貴なる者の責務）に身をささげていた。仮にいま，彼らが自らの責務を忘れているとしても，それは社会の側の敬意が失われたことと裏腹ではないか」（『読売新聞』2007年5月30日「思潮」「先生たたきの悪循環」）という指摘記事である。こうしたことから今後ますます教員を取り巻く状況は厳しさを増すと思われる。しかしなおも教職を志願する者がいるのも事実である。教員になるという強い意志と学びの継続を通して専門的に教員としての確立を目指し続けることがさまざまな問題への対処の基本となりうる。

佐藤一斎は「少にして学べば，即ち壮にして為すこと有り。壮にして学べば，即ち老いて衰えず。老いて学べば，即ち死して朽ちず。」（講談社学術新書，『言志四緑』3巻：80）と学び続けることの意義を説いている。教職を目指す者もこの言葉に傾聴したいものである。

参考文献

厚生労働省のホームページ．
文部科学省のホームページ．
兵庫県教育委員会のホームページ．
姉崎洋一ほか編（2015）『解説教育六法2015平成27年版』三省堂．

小和田顕ほか編（2000）『漢字典』旺文社.
教職問題研究会編（2009）『教職論――教員を志すすべてのひとへ　第2版』ミネルヴァ書房.
佐藤一斎，川上正光全訳注（1989）『言志四緑』（1〜4），講談社学術文庫.
津田徹（2003）「ギルバート・ハイイットの教育方法理論」，『関西学院大学教育学科研究年報』第30号：15-23.
新村出編（1991）『広辞苑』第四版，岩波書店.
広岡義之編（2008）『新しい教職概論・教育原理』関西学院出版会.
松田徳一郎監修（1984）『リーダーズ英和辞典第1版』研究社.
森信三（2006）『教師のための一日一語』致知出版.
『読売新聞』2015年5月20日社説.
『読売新聞』2007年5月30日「思潮」「先生たたきの悪循環」.
Highet, G. (1952) *The Art of Teaching*, Alfred A.Knopf.
Liddle & Scott (1891) *A Lexicon Abridged From Liddle&Scott's Greek-English Lexicon*, Oxford. U.P..
Schoen, D. A. (1984) *The Reflective Practitioner: How Professionals Think In Action*, Basic Books（佐藤学・秋田喜代美訳（2001）『専門家の知恵――反省的実践家は行為しながら考える』ゆみる出版．／柳沢昌一・三輪健二監訳（2007）『省察的実践とは何か――プロフェッショナルの行為と思考』鳳書房.）
Simpson, D. P. (1977) *Cassell's Concise Latin English English-Latin Dictionary*, Macmillan.
Thompson, J. G. (2009) *The First –Year Teacher's Checklist*. Josseybass.
Welker, R. (1992) *The Teacher as Expert, A theoretical and Historical Examination*, SUNY.
Woodhouse, S. C. (1987) *English-Greek Dictionary*, Routledge.

（津田　徹）

第2章

教員養成と教員免許状制度

　　教員の活動は，幼児・児童・生徒の心身の発達にかかわるものであり，人格形成に大きな影響を及ぼすものである。したがって教員には専門的な高い資質能力が求められる。そして，教育者としての使命感，幼児・児童・生徒の成長，発達についての深い理解，教育的愛情，広く豊かな教養，教科等に関する専門的知識，そしてこれらを基盤とした実践的指導力が求められる。これらは大学での養成と教員として採用されてからの初任者研修・10年経験者研修（法定研修）などの現職研修における各段階を通して形成されていくものであるが，本章では大学における養成段階について述べるとともに，教員免許状制度や教員採用制度についても述べる。

1　大学での教員養成の実際

　「大学における教員養成」と「開放制（教育学部など教員養成を主な目的とする学部以外でも，教職課程を追加的に履修し，所定の単位を取得すれば，教員免許状を取得できる制度。）の教員養成」の原則により，質の高い教員が養成され，我が国の学校教育の普及・充実や社会の発展に大きな貢献をしてきたが，現在，大学の教員養成については，2006（平成18）年の中央教育審議会の「今後の教員養成・免許制度の在り方について」（答申）の中で，教員養成の改革の方向として，大学の教職課程を，教員として最小限必要な資質能力を確実に身に付けさせるものとするべきだとしている。「教員として最小限必要な資質能力」とは，1997（平成9）年の「新たな時代に向けた教員養成の改善方策について」（教育職員養成審議会・第1次答申）において示されているように，

「養成段階で修得すべき最小限必要な資質能力」を意味するものである。より具体的に言えば、「教職課程の個々の科目の履修により修得した専門的な知識・技能を基に、教員としての使命感や責任感、教育的愛情等を持って、学級や教科を担任しつつ、教科指導、教科外指導、生徒指導等の職務を、著しい支障が生じることなく実践できる資質能力」のことであり、一般的には次の6点が挙げられる。

① 教育者としての使命感
② 人間の成長・発達についての深い理解
③ 幼児・児童・生徒に対する教育的愛情
④ 教科等に関する専門的な知識
⑤ 広く豊かな教養
⑥ これらを基盤とした実践的指導力

さらに、現行学習指導要領の［生きる力］をはぐくむことを基本とするこれからの学校教育の実現を展開するための、豊かな人間性と専門的な知識・技術や幅広い教養を基盤とする実践的な指導力を培うためには、①地球や人類の在り方を自ら考え、幅広い視野を教育活動に積極的に生かす能力、②変化の時代を生きる社会人に必要な資質能力、③教職に直接関わる多様な資質能力、の3点が挙げられる。

教員に求められる資質・能力については、学校段階によって異なるが、教科指導や生徒指導、学級経営などの実践的指導力の育成を一層重視することが必要である。特に、今日のいじめや不登校などの深刻な状況を踏まえるとき、教員一人一人が幼児・児童・生徒の心を理解し、その悩みを受け止めようとする態度を身に付けることは極めて重要であるといわなければならない。さらに、時代の変化に対応し、あるいは時代の変化を先取りし、「知識基盤社会への対応」「国際化への対応」「人口減少社会への対応」等、これらの変化への対応方策の一つが、教育の質の向上であり、なかでも学校教育をどこまで充実させられるかが、今後の我が国の未来を左右するものである。これらの資質能力を確実なものにするために、「教育職員免許法施行規則の一部を改正する省令」により、平成22年度以降の新入学生から教職課程の「教職に関する科目」（表

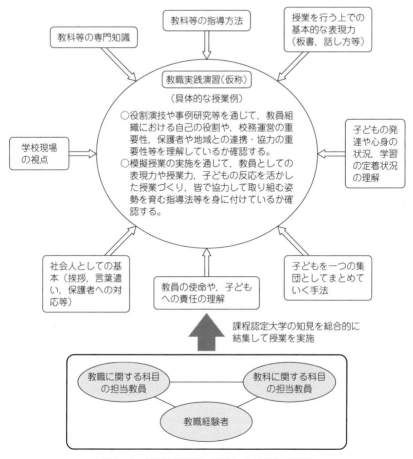

図2-1 教職実践演習（仮称）の具体的展開例

（出典）中央教育審議会（2006).

2-1参照）として，「教職実践演習」が新設されている。「教職実践演習」（図2-1参照）は，教員として必要な知識技能を修得することを目的としており，授業方法は，「これまでの学生の『教科に関する科目』及び『教職に関する科目』の履修履歴を把握し，それを踏まえた指導を行うことにより，不足している知識や技能等を補うものとすること。」とされている。その前提として，学生はこれまでの教職課程の履修履歴を把握するための「履修カルテ」を作成す

第 2 章　教員養成と教員免許状制度

表 2-1　「教職に関する科目」一覧

第1欄	教職に関する科目	下項の各科目に含めることが必要な事項	幼稚園教諭 専修免許状	幼稚園教諭 1種免許状	幼稚園教諭 2種免許状	小学校教諭 専修免許状	小学校教諭 1種免許状	小学校教諭 2種免許状	中学校教諭 専修免許状	中学校教諭 1種免許状	中学校教諭 2種免許状	高等学校教諭 専修免許状	高等学校教諭 1種免許状
第2欄	教職の意義等に関する科目	教職の意義及び教員の役割 教員の職務内容（研修、服務及び身分保障等を含む。）進路選択に資する各種の機会の提供等	2	2	2	2	2	2	2	2	2	2	2
第3欄	教育の基礎理論に関する科目	教育の理念並びに教育に関する歴史及び思想 幼児、児童及び生徒の心身の発達及び学習の過程（障害のある幼児、児童及び生徒の心身の発達及び学習の過程を含む。）教育に関する社会的、制度的又は経営的事項	6	6	4	6	6	4	6(5)	6(5)	4(3)	6(4)	6(4)
第4欄	教育課程及び指導法に関する科目	教育課程の意義及び編成の方法 各教科の指導法 道徳の指導法 特別活動の指導法 教育の方法及び技術（情報機器及び教材の活用を含む。）				22	22	14	12(6)	12(6)	4(3)	6(4)	6(4)
		教育課程の意義及び編成の方法 保育内容の指導法 教育の方法及び技術（情報機器及び教材の活用を含む。）	18	18	12								
	生徒指導、教育相談及び進路指導等に関する科目	生徒指導の理論及び方法 教育相談（カウンセリングに関する基礎的な知識を含む。）の理論及び方法 進路指導の理論及び方法				4	4	4	4(2)	4(2)	4(2)	4(2)	4(2)
		幼児理解の理論及び方法 教育相談（カウンセリングに関する基礎的な知識を含む。）の理論及び方法	2	2	2								
第5欄	教育実習		5	5	5	5	5	5	5(3)	5(3)	5(3)	3(2)	3(2)
第6欄	教職実践演習		2	2	2	2	2	2	2	2	2	2	2

※左端に「最低修得単位数」の縦書き表記あり

（出典）　教育職員免許法施行規則第 6 条別表 1 より．

る必要がある。教職課程の他の科目の履修や教職課程外でのさまざまな活動を通じて学生が身に付けた資質能力が，教員として最小限必要な資質能力として有機的に統合され，形成されたかについて，課程認定大学が自らの養成する教員像や到達目標等に照らして最終的に確認するものである。学生がこの科目の履修を通じて，将来，教員になる上で，自己にとって何が課題であるのかを自覚し，必要に応じて不足している知識や技能等を補い，その定着を図ることにより，教職生活をより円滑にスタートできるようになることが期待されている。

　近年の学生の中には，携帯電話，スマートフォンによる意志疎通には慣れているが，人に対し面と向かい，相手の目を見てのコミュニケーションは苦手だという学生が少なくない。そのために大学では基礎演習などにおいて，コミュニケーション力を養い，教職に向けて必要な科目以外の指導も強化している学部もある。

　現在の教育現場は想像以上に多忙であり，新任教員に対して先輩教師が教職のノウハウを教える時間がなかなか確保できていない。教員になると，1年目の4月から学級を担任し，学級を運営していかなくてはならないのである。このような状況の教育現場からは即戦力が求められている。したがって大学における教員養成の負担が大きくなっていることは確かである。大学において以前は1，2年次が教養課程で一般教養を身に着け，3．4年次で教員になるための専門的な知識を身につける専門課程を実施しているところもあったが，現在では1年次から教職専門科目，たとえば，教育の方法と技術，教職概論，教科教育法といった科目を履修するようになっている大学が多い。

　さらに，教育実習までに幼児・児童・生徒の特性や発達の程度等，教職に関する特有のものなどを体験的に身につけるために，教育に関係するボランティア活動（保育や授業の補助，特別な教育ニーズをもつ児童・生徒への支援補助，遠足，キャンプ，宿泊訓練等の校外活動補助など）に，講義の合間をぬって参加することを学生にすすめている。この経験は教育実習に参加時に，幼児・児童・生徒の特性などをある程度把握できているため，授業や授業研究，学級事務，学校全体の動きを学ぶことに力を多く注ぐことができるとともに，実際に教師になってからもおおいに役立つものである。

表2-2　教員養成などの改革に関する中間報告の主な内容

養成	▼学生が学校で就業体験する「学校インターンシップ」を教職課程に位置づける
採用	▼各都道府県などが作成する教員採用試験の問題の共通化を検討 ▼特別免許状制度を活用し，学校外の専門家の登用を促進
研修	▼教員が研修で一定の単位を取得し専修免許状を得る「ラーニングポイント制」を導入 ▼10年目研修を見直して時期を弾力化し，幅広く中堅クラスのリーダーを育成

（出典）　読売新聞2015年7月10日朝刊.

　2015（平成27）年7月9日には文部科学省の諮問機関で教員の能力向上策を検討している中央教育審議会の部会の中間報告が出され，教員の指導力を向上させるため，養成や採用，研修の一体的（表2-2参照）な改革が必要と指摘し，教育委員会と大学が連携して取り組めるよう，「教員育成協議会（仮称）」を設け，教員が養うべき能力の指標や研修計画を作り，学校インターンシップについては，大学の教職課程に位置づけ，早ければ大学1年から学校現場を体験することで自らの教員としての適性を判断し，教員の職に対する理解を深めたりできるようにするとしている。また，現職の教員が，教職大学院や各地の教委による研修などを受けて一定の単位を取得すると，大学院修士課程修了程度の「専修免許状」を得られる「ラーニングポイント制（仮称）」も検討するとしている。

2　教員免許制度の概要

　教員免許制度は，公教育を担う教員の資質の保持と向上を図るとともにその証明を目的とする学校教育制度の根幹をなす重要な制度の一つである。その制度においては，教員免許状は学校種別に区分され，さらに，中学校および高等学校は，教科別に区分されている。こうした区分に従って，教員は，免許状を授与されている。

（1） 相当免許状主義

　教育職員免許法第3条1項では「教育職員は，この法律により授与する各相当の免許状を有する者でなければならない。」とされている。これを「相当免許状主義」という。

　こうした相当免許状主義を採用しているのは，教職には専門性があり幼児・児童・生徒の発達段階に応じて，幼稚園，小学校，中学校，高等学校および特別支援学校などの教員には，それぞれ異なった専門性が求められるからである。

　① 幼稚園，小学校，中学校，高等学校の教員は，原則として，学校の種類ごとの教員免許状が必要である。（中学校又は高等学校の教員は学校の種類及び教科ごとの教員免許状が必要である。）
　② 中等教育学校の教員は，中学校と高等学校の両方の教員免許状が必要である。
　③ 特別支援学校の教員は，特別支援学校と特別支援学校の各部（幼稚部・小学部・中学部・高等部）に相当する学校種の両方の教員免許状が必要である。
　④ 児童の養護をつかさどる教員，児童の栄養の指導及び管理をつかさどる教員は，それぞれ養護教諭（養護助教諭）の免許状，栄養教諭の免許状が必要である。

（教育職員免許法第2条，第3条）

　以上のように校種により免許状が必要であるが，次の4点のただし書きがある。

　・当分の間は，中学校又は高等学校のどちらか一方の免許状しか所有していない教員であっても，中等教育学校において，所有免許状の学校種に相当する課程（中学校の教員免許状は前期課程，高等学校の教員免許状は後期課程）の教科を担任することができる。

（教育職員免許法附則第17項）

　・当分の間は，幼稚園，小学校，中学校又は高等学校の教諭の免許状を有する者は，特別支援学校の教員免許状を所有しなくとも，所有免許状の

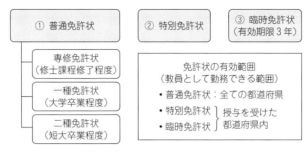

図2-2　教員をめざそう！（文部科学省初等中等教育局）

学校種に相当する各部の教員となることができる。

(教育職員免許法附則第16項)

・当分の間は，養護教諭の勤務経験が3年以上ある養護教諭は，勤務する学校（幼稚園を除く）において，保健（小学校又は特別支援学校小学校部においては体育）の教科の領域に係る事項を担任することができる。

(教育職員免許法附則第15項)

・中学校又は高等学校の教諭の教員免許状を所有している者は，小学校で，所有免許状の教科に相当する教科を担任することができる。また，工芸や書道など高等学校の一部の教科に関する教諭の教員免許状を所有している者は，中学校，中等教育学校の前期課程で，所有免許状の教科に相当する教科を担任することができる。　(教育職員免許法第16条の5)

(2) 免許状の種類

　教育職員免許法第4条，第5条により，教員免許状は普通免許状，特別免許状，臨時免許状の3種類（図2-2参照）あり，申請により，都道府県教育委員会から授与される。授与を受けるためには，①所要資格（学位と教職課程等での単位修得（表2-4参照）または教員資格認定試験（幼稚園，小学校，特別支援学校自立活動のみ実施）の合格）を得るか，都道府県教育委員会が行う教育職員検定（人物・学力・実務・身体面）を経る必要がある。具体的な授与基準等の細則は，都道府県ごとに定められている。

① 普通免許状

　教諭，養護教諭，栄養教諭の免許状。所要資格を得て必要な書類を添えて申請を行うことにより授与される。

　専修，一種，二種（高等学校は専修，一種）の区分がある。既に教員免許状を有する場合は，一定の教員経験を評価し，通常より少ない単位数の修得により，上位区分，隣接学校種，同校種他教科の免許状の授与を受けることができる。

② 特別免許状

　教諭の免許状。社会的経験を有する者に，教育職員検定を経て授与される。授与を受けるには，任命または雇用しようとする者の推薦が必要であり，教科に関する専門的な知識経験または技能，社会的信望，教員の職務に必要な熱意と識見を有することが求められる。幼稚園教諭の特別免許状はない。小学校教諭の免許状は教科ごとに授与されるが，特別活動など教科外活動を担任することも可能である。

③ 臨時免許状

　助教諭，養護助教諭の免許状。普通免許状を有する者を採用することができない場合に限り，欠格事項に該当しない者で教育職員検定に合格した者に授与される。臨時免許状は，授与を受けた都道府県内でのみ，3年間有効である。（当分の間，相当期間にわたり普通免許状を有する者を採用することができない場合に限り，都道府県が教育委員会規則を定めることにより，有効期間を6年とすることができる。）（教育職員免許法附則第6項）

　2002（平成14）年2月の中央教育審議会答申により，相当免許状主義を緩和し，教員免許状を総合化・弾力化することが提言され，2002年7月より表2-2，表2-3の通り実施されている。

（3）免許状の取得

　（2）で述べたように，幼稚園，小学校，中学校，高等学校，特別支援学校

第2章　教員養成と教員免許状制度

表2-3　教員免許制度の概要（平成26年2月19日版）文部科学省

	幼稚園	小学校					中学校				高等学校		
		各教科	道徳	外国語活動	総合的な学習の時間	特別活動	免許状に定められた教科	道徳	総合的な学習の時間	特別活動	免許状に定められた教科	総合的な学習の時間	特別活動
幼稚園の教員免許状	○	×	×	×	×	×	×	×	×	×	×	×	×
小学校の教員免許状	×	○	○	○	○	○	×	×	×	×	×	×	×
中学校の教員免許状	×	△※1	×	△※2	△※1	×	○	○	○	○	×	×	×
高等学校の教員免許状	×	△※1	×	△※2	△※1	×	△※3	×	△※3	×	○	○	○

	中等教育学校						
	前期課程				後期課程		
	免許状に定められた教科	道徳	総合的な学習の時間	特別活動	免許状に定められた教科	総合的な学習の時間	特別活動
中学校の教員免許状のみ所有	○	×	×	×	×	×	×
高等学校の教員免許状のみ所有	△※4	×	△※4	×	○	○	○
中学校と高等学校の教員免許状の両方を所有	○	○	○	○	○	○	○

※1　たとえば，理科の教員免許状を所有する者は，小学校の理科の担任が可能。また，総合的な学習の時間における理科に関連する事項の担任が可能。
※2　英語の教員免許状を所有する者のみ，小学校の外国語活動の担任が可能。
※3　高等学校の工芸，書道，看護，情報，農業，工業，商業，水産，福祉，商船，看護実習，情報実習，農業実習，工業実習，商業実習，水産実習，福祉実習，商船実習，柔道，剣道，情報技術，建築，インテリア，デザイン，情報処理，計算実務の免許状を所有する者は，中学校において，所有免許状の教科に相当する教科の担任や，総合的な学習の時間における所有免許状の教科に関係する事項の担任が可能。
※4　高等学校の工芸，書道，看護，情報，農業，工業，商業，水産，福祉，商船，看護実習，情報実習，農業実習，工業実習，商業実習，水産実習，福祉実習，商船実習，柔道，剣道，情報技術，建築，インテリア，デザイン，情報処理，計算実務の免許状を所有する者は，前期課程において，所有免許状の教科に相当する教科の担任や，総合的な学習の時間における所有免許状の教科に関係する事項の担任が可能。

表2-4　大学で取得すべき教員免許状科目・単位数

第1欄		第2欄	第3欄			
免許状の種類	所要資格	基礎資格	大学において修得することを必要とする最低単位数			
			教科に関する科目	教職に関する科目	教科又は教職に関する科目	特別支援教育に関する科目
幼稚園教諭	専修免許状	修士の学位を有すること。	6	35	34	
	1種免許状	学士の学位を有すること。	6	35	10	
	2種免許状	短期大学士の学位を有すること。	4	27		
小学校教諭	専修免許状	修士の学位を有すること。	8	41	34	
	1種免許状	学士の学位を有すること。	8	41	10	
	2種免許状	短期大学士の学位を有すること。	4	31	2	
中学校教諭	専修免許状	修士の学位を有すること。	20	31	32	
	1種免許状	学士の学位を有すること。	20	31	8	
	2種免許状	短期大学士の学位を有すること。	10	21	4	
高等学校教諭	専修免許状	修士の学位を有すること。	20	23	40	
	1種免許状	学士の学位を有すること。	20	23	16	
特別支援学校教諭	専修免許状	修士の学位を有すること及び小学校，中学校，高等学校又は幼稚園の教諭の普通免許状を有すること。				50
	1種免許状	学士の学位を有すること及び小学校，中学校，高等学校又は幼稚園の教諭の普通免許状を有すること。				26
	2種免許状	小学校，中学校，高等学校又は幼稚園の教諭の普通免許状を有すること。				16

（出典）　教育職員免許法第5条，第5条の2関係，別表第1より．

の教員および養護教員になるには，学校種ごとの教員免許状が必要であり，中学校・高等学校は教科ごとの免許状になる。教員免許状は都道府県教育委員会から授与される。免許状の授与を受けるための教員養成は，大学等で行われており，大学等において学士の学位等の基礎資格を得るとともに，文部科学大臣が認定した課程において所定の教科および教職に関する科目の単位を修得することが必要である。教員養成課程を受講し教員免許状を取得できる大学は，文部科学省のホームページ（教員免許状を取得可能な大学等）に一覧が掲載され

ている。また，文部科学大臣が認定した課程において所定の教科及び教職に関する科目の単位とは表2-4の通りである。

現職の教員等がすでに所有している免許状を基にして，一定の在職年数と都道府県教育委員会の開講する免許法認定講習や大学等の公開講座における単位取得により，上位の免許状を取得する方法も開かれている。

社会人で教員を目指す人に対しては，特別免許状制度があり，大学での養成が必ずしも十分でない分野などでは，文部科学省，または文部科学省が委嘱する大学が実施する教員資格認定試験により，教員として必要な資質能力を有すると認められた人に免許状が授与される方法もある。合格者には試験の種類に応じた教諭の普通免許状が授与される。教育職員免許法の第16条の2に定めがあり，授与申請も第16条2の規定に沿って各都道府県に行う形となる。

教員免許状の取得については文部科学省が認定子ども園や義務教育学校，小中一貫校，中等教育学校の配置を進めているため，学生もそれらに対応するために，保育士と幼稚園教諭，小学校教諭と中学校教諭，中学校教諭と高等学校教諭，さらには特別支援学校教諭の免許状を合わせた複数免許の取得を希望する学生も少なくない。

3 教員採用試験とはどのようなものか

教員採用試験は正しくは「教員採用選考試験」「教員採用候補者選考試験」とよばれ競争試験ではなく，人柄などをよく調べて適格者を選んでいく選考試験である。公立学校においては，各都道府県・政令指定都市[*]により実施要項が異なることがある。一方，私立学校については，それぞれが固有の建学の精神にもとづき，自主性・独自性を発揮して特色ある教育を実践しており，教員としての資質および適性の基礎的・基本的な事項を検査する「私立学校教員適性検査」等を実施している。公立学校とは異なり，教職員の採用については基本的に各学校が独自に行っている。ここでは公立学校について説明をする。

＊国・県道の管理や教員採用など都道府県に準じた権限と予算をもち，かつては人口100万人が目安だったが，政府は市町村合併を促すため，2001～10年の特例期間

中に合併で人口が70万人ほどになった市も認めたため，現在，札幌市，仙台市，さいたま市，千葉市，横浜市，川崎市，相模原市，新潟市，静岡市，浜松市，名古屋市，京都市，大阪市，堺市，神戸市，岡山市，広島市，北九州市，福岡市，熊本市の20市がある。

（1）試験の内容（平成26年度現在）
① 筆記試験

各都道府県・政令指定都市により異なるが，主に次のような検査で構成されている。しかし一部の県市では，論述試験，学習指導案作成なども行われている。

- ●一般教養は，53県市（すべて一次で実施）
- ●教職教養は，64県市（一次で63県市が実施）
- ●専門教科は，67県市（一次で64県市が実施）
- ●作文は，7県市（一次で2県市が実施）
- ●小論文は，41県市（一次で11県市，二次で32県市が実施）

〔筆記試験の評価方法〕

筆記試験について，「一定の水準に達しているかどうかの判断のみに用い，一定点数以上であれば得点差を考慮していない」とするのは19県市，「得点差を選考材料として考慮している」とするのは50県市である。

② 面接，実技

面接（個人，集団），実技（校種や教科により異なる），場面指導，模擬授業，適正検査（内田クレペリン検査，YG性格検査，MMPI等を実施しているのは，49県市。二次試験で44県市が実施。）がある。

〔面接試験の実施状況〕

面接試験は従来から広く実施されており，平成25年度においても，全67県市（前年度66県市）において行われている。各県市とも，教員としてふさわしい資質や意欲，熱意，指導力，使命感，適格性，実践力，を評価するため，面接の回数，時間，方法，面接担当者の構成，面接内容等についてさまざまに工夫

表2-5 応募者数，受験者数，採用者数，競争率

区分	応募者数	受験者数		採用者数		競争率(倍率)
			女性(内数)		女性(内数)	
小学校	60,765	55,834	30,036	14,355	8,794	3.9
中学校	67,134	60,320	24,894	8,411	3,787	7.2
高等学校	40,588	36,384	11,966	5,037	1,840	7.2
特別支援学校	11,839	11,004	6,432	2,924	1,877	3.8
養護教諭	10,844	9,783	9,699	1,338	1,334	7.3
栄養教諭	1,943	1,651	1,556	179	176	9.2
計	193,113	174,976	84,583	32,244	17,808	5.4

(注) 1．採用者数は，平成27年6月1日までに採用された数である。(以下同じ。)
2．学校種の試験区分を分けずに選考を行っている県市の受験者数は，小学校の受験者数に含んでいる。(第2表参照。以下同じ。)
3．中学校と高等学校の試験区分を分けずに選考を行っている県市の受験者数は，中学校の受験者数に含んでいる。(第2表参照。以下同じ。)
4．特別支援学校の受験者数は，「特別支援学校」の区分で選考試験を実施している県・市の数値のみを集計したものである。(第2表参照。以下同じ。)
5．競争率(倍率)は，受験者数／採用者数である。
(出典) 文部科学省HP 平成27年度公立学校教員採用選考試験の実施状況について。

を凝らしている。個人面接は全67県市（前年度66県市），集団面接は55県市（前年度52県市）で行われ，面接担当者は主に教育委員会事務局職員や現職の校長，教頭等であるが，加えて62県市が民間企業の人事担当者，臨床心理士，保護者等の民間人等を起用している。面接内容は，自己PR（43県市），模擬授業（28県市），場面指導（27県市），教員としての適格性を判断する質問（66県市），集団討論［テーマを指定したもの］（43県市）が，多くの県市で行われている。

〔模擬授業・場面指導・指導案作成の実施状況〕

模擬授業（例，面接官を児童生徒に見立てて授業や学級活動を数分間程度行わせる）や場面指導（例，生徒指導等の場面を設定し受験者に教員役として対応させる）等は，実践的指導力を観察できる試験方法として近年その実施が増加しており，模擬授業は52県市，場面指導は41県市（前年度42県市），指導案作成は23県市（前年度22県市）で実施されている。

平成25年の競争率・競争率の推移は（表2-5・図2-4）の通りである。

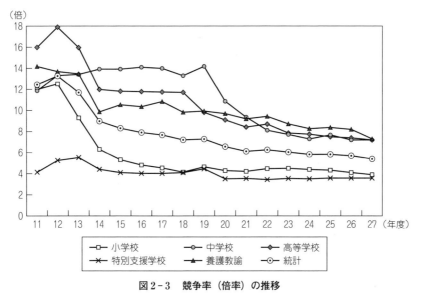

図2-3　競争率（倍率）の推移

（出典）　文部科学省HP「平成25年公立学校教員採用選考試験の実施状況について」.

（2）近年重視される面接，論作文

　教師は幼児・児童・生徒の集団である学級をまとめていく力量が必要である。もちろん教科指導も大切であるが，学級がまとまり，落ち着いていることが基礎になって種々の活動や指導の効果が上がる。面接や論作文あるいは適正検査を実施するのは，受験者に教員として授業をはじめ生活指導，保護者対応などを含め，担任として学級を任せられるか人物を評価するのである。最終的な鍵を握るのは面接と論作文である。近年，1次試験から論作文や面接を実施する自治体が増えており，このことから教員採用選考試験はいかに人物重視をしているかがわかる。

　2011（平成23）年12月27日には人物重視の採用選考の実施等の改善について，以下のような初等中等教育局長通知が出されている。ここには，障害者の採用拡大等についても掲げられている。

初等中等教育局長通知

1．人物重視の採用選考の実施等

（1）教員の採用選考に当たっては，単に知識の量の多い者や記憶力の良い者のみが合格しやすいものとならないよう配慮し，筆記試験だけではなく，面接試験や実技試験等の成績，社会経験，スポーツ活動，文化活動，ボランティア活動や大学等における諸活動の実績等を多面的な方法・尺度を用いて総合的かつ適切に評価することにより，より一層人物を重視した採用選考を実施し，真に教員としての適格性を有する人材の確保に努めること。

（2）豊かな体験や優れた知識・能力を有する多様な人材を確保するため，民間企業等での勤務経験や留学経験のある者，スポーツ・文化や青年海外協力隊等国際協力の分野において特に秀でた技能・実績を有する者等に対する採用選考の実施に努めること。

　また，「日本再生のための戦略に向けて」（平成23年8月5日閣議決定）や「科学技術基本計画」（平成23年8月19日閣議決定）においても，理工系学部や大学院出身者の教員としての活躍を促進することが求められている。これらのことを踏まえ，各学校段階における教育内容等に応じ，理数系の知識・能力を十分に考慮した採用選考の実施に努めること。

　なお，その際，受験年齢制限の緩和を図るとともに，特別免許状制度の積極的活用について検討すること。

（3）人物評価を多面的に行うため，受験者の出身大学や臨時的任用教員，非常勤講師等として勤務する学校の校長，社会活動の実績がある者について当該関係機関から推薦状を受けるなど，受験者の人柄や能力をよく知る者からの推薦を選考の一つの判断材料として活用することに引き続き努めること。

　なお，教職経験者の採用選考に当たっては，臨時的任用教員について優先権を与えることがないように十分留意することなど，公平性，公正性，透明性の確保に引き続き努めること。

（4）人柄や意欲，教員としての実践的指導力を見極めるため，大学等教員養成機関や教育実習校との連携を密にし，教育実習の評価を客観的なものにするなどの条件整備を図りつつ，教育実習校における評価を含めた教育実習の評価を選考の一つの判断資料として活用することに努めること。

2．専門性等を考慮した採用選考の実施

　新学習指導要領の趣旨及び内容等を踏まえ，専門性等を考慮した採用選考の実施に努めること。特に以下の点に留意すること。

（1）新学習指導要領では，「外国語」について，中学校では授業時数の増加，高等学校では「授業は英語で行うことを基本とする」こと等の充実を図ったところである。また，「国際共通語としての英語力の向上のための5つの提言と具体的施策」（平成23年6月30

日,「外国語能力の向上に関する検討会」）においては，英語を母国語とする外国人教員や留学などの海外経験を積み高度な英語力を持つ日本人英語教員の採用の促進，英語教員の採用に当たり外部検定試験の一定以上のスコア（実用英語技能検定準1級，TOEFL（iBT）80点，TOEIC730点程度以上など）の所持を条件とすること等が求められている。これらのことを踏まえ，英語によるコミュニケーション能力を十分に考慮した採用選考の実施に努めること。
（2）平成23年度から小学校新学習指導要領が全面実施され，第5学年及び第6学年で外国語活動が必修化されたことから，小学校の教員の採用選考において外国語活動に係る内容を盛り込むなど，外国語活動に対応した採用選考の実施に努めること。
（3）新学習指導要領では，ICT（Information and Communication Technology）を適切かつ主体的に活用できるようにするための学習活動の充実や情報モラルの習得など各教科等を通じた情報教育の一層の充実を図ったところである。また,「教育の情報化ビジョン」（平成23年4月28日，文部科学省策定）においても，ICTを効果的に活用して，指導方法を発展・改善していくことを求めているとともに，教員の採用選考についても，ICT活用指導力を十分に考慮して行われることが期待されると記述している。これらのことを踏まえ，情報機器やデジタル教材を効果的に活用する指導が実施できるよう，ICT活用指導力を十分に考慮した採用選考の実施に努めること。
（4）障害者基本法の一部を改正する法律（平成23年法律第90号）が成立し，可能な限り障害者である児童生徒が障害者でない児童生徒と共に教育を受けられるよう配慮しつつ，教育の内容及び方法の改善及び充実を図る等必要な施策を講じなければならないとされたこと等を踏まえ，特別支援学校はもとより，小・中学校等の教員の採用選考においても，特別支援教育の専門性に配慮した採用選考の実施に努めること。
3．障害者の採用拡大等
　障害者の雇用の促進等に関する法律の一部を改正する法律（平成17年法律第81号）における衆議院厚生労働委員会及び参議院厚生労働委員会の附帯決議等を踏まえ，障害者の採用拡大に向けて，なお一層の取組を進めるよう必要な措置を講じること。特に法定雇用率を下回る教育委員会は，適切な実態把握と他の都道府県等の取組を参考に法定雇用率の改善に努めること。
　また，教員の採用選考においては，障害を有する者を対象とした特別選考を行うなど，身体に障害のある者について，単に障害があることのみをもって不合理な取扱いがされることのないよう，選考方法上の工夫等適切な配慮を行うとともに，そうした配慮を実施することやその内容について広く教職を目指す者が了知できるよう広報周知に努めること。

(3) 教員採用試験の傾向並びに実施状況

　近年の採用試験は人物重視，実践力重視である。以前は1次試験（筆記試験）で高い得点をとればよいとされている傾向もあったようだが，知識面が優れているだけの新任教員には学級をまとめることはできない，せっかく採用されても5月の連休明けに学校へ足が向かなくなった，こんなはずではなかった，学級崩壊になり立て直すことができなくなった，などにより離職する教師も少なくなかったためである。人物重視，実践力重視をするために，採用試験に臨む者に授業をはじめ生活指導，保護者対応などを含め，学級担任として1年間学級を任せられるかを判断するものになっている。

　都道府県や政令指定都市の中には，より優秀な人材を求めて，大学推薦特別選考等の推薦制度を導入しているところもある。これは各大学に公立学校教員として「豊かな人間性」「実践的な専門性」「開かれた社会性」などの適性を有し，学業成績が優秀であり，教育ボランティアなどの教育活動に熱心に取り組んでいる学生の推薦を依頼し，その学生に対しては推薦関係書類（小論文を求められる場合もある）の審査で合格すれば，1次試験を免除し，2次試験だけを受験させるというものである。これは学生にとっては1次試験の受験勉強の時間を教員になるために役立つボランティア活動や，教員としての資質を高めるための時間にあてられるメリットがある。一方，都道府県や政令指定都市の教育委員会にとっては，大学が推薦する人材であり，一定の信頼をおくことができる。

参考文献
広岡義之編著（2014）『新しい教職概論・教育原理』関西学院大学出版会．
佐藤晴雄著（2011）『教職概論』学陽書房．
教職問題研究会編（2009）『教職論――教員を志すすべてのひとへ　第2版』ミネルヴァ書房．
中央教育審議会「今後の教員養成・免許制度の在り方について」平成18年7月11日．
中央教育審議会「教職生活の全体を通じた教員の資質能力の総合的な向上方策について」平成24年8月28日．
中央教育審議会初等中等教育分科会教員養成部会「これからの学校教育を担う教員の

在り方について（報告）」平成26年11月6日.
読売新聞（2015.7.11朝刊）.
文部科学省初等中等教育局教職員課「教員をめざそう！」
文部科学省初等中等教育局教職員課「教員免許制度の概要」（2014.2.19）
『教職課程』協同出版，2015年9月号．
文部科学省HP「平成26年度公立学校教員採用選考試験の実施状況について」

（砂子滋美）

第3章

教員の研修および教員の任免と服務

　教職は高度の専門性が必要な仕事である。免許状をもつ者だけが教師になることができるが、免許を取得し、採用試験に合格することはほんの入り口にすぎず、いかに能力が高い人であろうと研修なしでは務まらないのは明らかである。教師は生涯にわたって資質能力の向上をめざすことができる職業であり、教師にとって研修は権利であるとともに義務である。初任者から中堅、管理職までライフコースや職階、専門教科に応じた多様な学習機会がある。生徒の学びを支援する教師は自らが優れた学び手たる必要がある。研修の担い手も国から教育委員会、同僚教員とのグループ。個人の自己啓発まで多様で、複雑なマネジメントが必要である。

　合わせて教員として従わなければならない決まり、教員としての職務を全うするための身分保障の仕組みについてみる。

1　教員の研修

（1）研究と修養，研修とは何か

　「研修」は「研究」と「修養」を合わせた言葉である。研修について規定している教育基本法や教育公務員特例法といった法規でも「研究と修養」とし、これらの法令の英訳版では，research and self-cultivation ないし，study and self-improvement としている。研修によって何を目指すのか、つまり教師に必要な資質・能力を考える場合、研究と修養を区別して、研究に知識や技術を、修養に人格的な態度等の要素を対応させる傾向がある。

今津孝次郎は英米のコンピテンス（教師が知識と実践を総合する幅広い力量）と日本における資質・能力を検討する過程で，日本では教師の仕事が多様であることや人格者としての職業観の根強さから資質の側面が強調されてきたことを指摘している（今津 2012：47）。大村は，研究について「子どもと同じ世界にいたければ，精神修養なんかではとてもだめで，自分が研究しつづけていなければなりません。」（大村 1973：21）として，研究の必要性を説いている。教育改革について議論される際には必ずと言ってよいほど研修の充実による教師の資質能力の向上が叫ばれるが，研修のあり方や中身についても多くの議論がある。

（2）教員の研修に関する法整備

　研修の歴史を考えてみると，古くから教職の資質能力への要求は高く，教員の職務上の能力向上は，もっぱら個人的な研究・修養によっていた。教員にとって研修が必要なこととして法律をはじめとする制度において位置づけられるのは第二次世界大戦後である。

　教育公務員特例法が，1949（昭和24）年に，地方公務員法が，1950（昭和25）年にそれぞれ公布・施行された。それぞれの条文（章および条文の番号は現在のもの）を以下に記す。

地方公務員法
（研修）第39条　職員には，その勤務能率の発揮及び増進のために，研修を受ける機会が与えられなければならない。

教育公務員特例法　第4章
（研修）第21条　教育公務員は，その職責を遂行するために，絶えず研究と修養に努めなければならない。
　2　教育公務員の任命権者は，教育公務員の研修について，それに要する施設，研修を奨励するための方途その他研修に関する計画を樹立し，その実施に努めなければならない。
（研修の機会）第22条　教育公務員には，研修を受ける機会が与えられなければならない。

> 2　教員は、授業に支障のない限り、本属長の承認を受けて、勤務場所を離れて研修を行うことができる。
> 3　教育公務員は、任命権者の定めるところにより、現職のままで、長期にわたる研修を受けることができる。

　こうした条文の違いを見ると、一般の公務員にとっての研修は権利であるが、教員にとっての研修は努力義務であること、特に第22条の規定は他の公務員にはないもので、教育公務員の研修の重要性とその機会を拡大することが必要であることが確認できる。

　法律が整備される一方で、教員の研修機会や待遇などの条件はなかなか改善を見なかった。1966年に国連教育科学文化機関（ユネスコ）の特別政府間会議で採択された「教員の地位に関する勧告」は、「教育の仕事は専門職とみなされるべきである。この職業は厳しい、継続的な研究を経て獲得され、維持される専門的知識および特別な技術を教員に要求する公共的業務の一種である。また、責任をもたされた生徒の教育および福祉に対して、個人的および共同の責任感を要求するものである。」とし研修休暇、研修を積み重ねることができることや、報酬等の条件を示している。

　2006年には教育基本法が改正され、研修について、第9条に「法律に定める学校の教員は、自己の崇高な使命を深く自覚し、絶えず研究と修養に励み、その職責の遂行に努めなければならない」と定められた。

　教員の研修についての規定が、教育公務員特例法といった特別法に加え、教育基本法にも加えられることで、研修の意義が広く強調され、さらに公務員ではない私立学校の教員にも適用することになった。

（3）答申にみる研修の内容と課題

　中央教育審議会答申「これからの学校教育を担う教員の資質能力の向上について」2015（平成27）年に示された教員の研修に関する課題について見てみよう。

　OECDの国際教員指導環境調査において、日本の教師は、職能開発（研修）

を求めている一方，研修の日程が仕事と合わないと回答する教員が多い（ともに参加国中で最も高い）というデータがある。このことを踏まえ，多忙化のため必要な研修時間を確保できないことを課題としている。この他，答申では研修の課題について①教員の業務や役割分担を見直しチームとして学校の力の向上をはかる措置，②関係機関の連携や研修ニーズを把握し，教員のキャリアステージに応じた効果的に研修を実施，③研修の制度や運用の見直し，④研修のあり方や手法を見直し主体的・協働的なものに転換，⑤新たな教育課題に対応したプログラムの開発や学校内外の体制の充実，⑥教員の主体的な学びが評価される制度構築，⑦独立行政法人教員研修センターの機能強化，などの対応策を掲げている。

（4）研修の形態（行政研修・職専免・自主研修）

教員にとって，研修は本来，自発的・主体的にするものであるが，勤務との関連で3つに区分する考え方がある。

① 自主研修：勤務時間外に教員が自主的にする研修。民間の教育団体や大学，企業が開催する研修への参加や個人が任意に行う研究活動がこれにあたる。

② 職務専念義務免除による研修：勤務時間内に職務に専念しなければならないという義務を免除されて参加する研修

③ 職務研修：職務の一環として，命令に基づいて参加する職務研修（行政研修，命令研修とも言う）である。

③は出張扱いで参加費用や交通費や日当が公費から支払われ，参加を拒むことは職務命令違反となるものである。また，これには後述する初任者研修や十年経験者研修（中堅教諭等資質向上研修）など参加が義務づけられている研修（指定研修）も含まれる。

①と②の違いは，教育や校務に支障がないことや職務に直接・間接に役立つことを監督者である校長が判断して認めるか否かという点にある。校長の承認が得られないものは①の自主研修の形をとる。初等中等教育企画課長通知「夏

表3-1 条件附採用に採用された者

	正式採用とならなかった人数	事由別内訳				
		不採用	依願退職	不採用→依願退職	病気（精神疾患）	その他自己都合
平成26年度	321	1	310	11	93（87）	206
平成25年度	351	3	340	13	92（79）	365
平成24年度	355		348	20	122（106）	206

（出典）　文部科学省，公立学校教職員の人事行政状況調査（平成26年度）．

季休業期間等における公立学校の教育職員の勤務管理について」2002（平成14）年があって，長期休業中の研修の実体が伴わない自宅待機などはもとより，勤務場所以外での研修は認められにくくなってきている。

2　教員研修の実施体系

次に，教員の職階・目的別に計画されている研修の体系についてみてみよう。図3-1（教員研修の実施体系）のように，国（研修センター）や都道府県・指定都市の教育委員会，市町村や校内や個人といったさまざまな実施主体が関わっている。経験年数別にみると，初任者研修，中堅教員研修（経年研修），管理職研修（教頭研修，校長研修）等がある。専門分野別に見ると，教科指導や生徒指導等の研修がある。また職能別に教務主任，生徒指導主事を対象にした研修もある。これらのうち主なものとして，法律で実施が定められている初任者研修と十年経験者研修等について，以下の節において検討する。

（1）初任者研修

初任者研修は，1989（平成元）年から導入された制度である。教育公務員特例法に第23条において「公立の小学校等の教諭等の任命権者は（中略）一年間の教諭又は保育教諭の職務の遂行に必要な事項に関する実践的な研修（以下「初任者研修」という。）を実施しなければならない」と定めている。当初は小学校から開始され，翌年には中学校，1991（平成3）年からは高等学校，1992

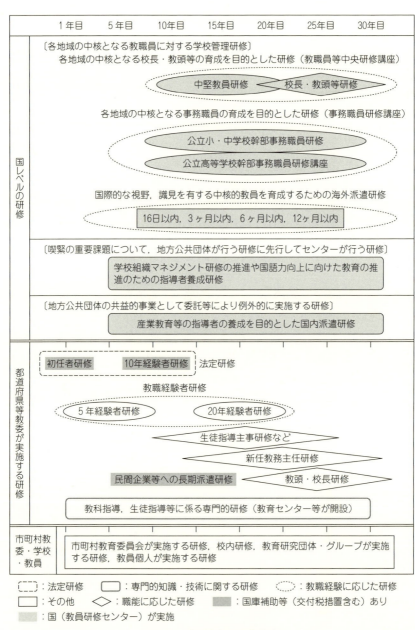

図3-1 教員研修の実施体系

(出典) 文部科学省 HP.

表3-2　文部科学省が教育委員会に示した内容例

Ⅰ．校内研修	Ⅱ．校外研修
時間数：週10時間，年間300時間程度 講師：拠点校指導教員，校内指導教員 【実施上の留意点】 ・個々の初任者の経験や力量，個々の学校の抱える課題に重点を置く ・授業の準備から実際の展開に至るまでの授業実践の基礎（指導案の書き方，板書の仕方，発問の取り方等）について，きめ細かく初任者を指導	日数：年間25日間程度 研修場所と研修内容 ①教育センター等における教科等に関する専門的な指導 ②企業・福祉施設等での体験研修 ③社会奉仕体験活動研修及び自然体験活動研修 ④宿泊研修（4泊5日程度） 【実施上の留意点】 ・校内研修との有機的な連携を保つ ・初任者が自己の問題意識に応じて講師や研修内容を選択できるようにする ・参加型・体験型研修，課題研究 ・討論など課題解決的な研修を多く取り入れる ・異なる規模の学校や他校種での研修等，他の学校での経験を得る機会を確保する

（平成4）年には特殊教育諸学校で順次実施されるようになった。

　公務員の採用は6ヵ月の「条件附採用」であるが，教育公務員としての教員はこの制度によって，実質的に1年間の条件付採用となっている。表3-1の通り，新規に採用されても，実際に正式採用に至らない者が採用者の1％強いる。

　初任者研修の内容について，文部科学省「初任者研修実施要項モデル」をもとに，初任者研修についてみてみよう。各都道府県指定都市はこれらを参考に実情に即した計画を作成している。初任者研修の目的は「実践的指導力と使命感を養う」ことと「幅広い知見を得させること」が掲げられている。教育委員会が年間研修計画・指導計画に従って以下のような内容について研修を実施する。

　① 学級または教科・科目を担当（軽減措置は可）しながら研修に参加すること。
　② 校内において（校内・拠点校の）指導教員を中心とする指導及び助言による研修（週2日程度・少なくとも年間60日程度，年間300時間程度）を受けるとともに，校外において教育センター等における研修（週1日程度・少なくとも年間30日程度）を受けるものとする。

③ 宿泊研修（4泊5日程度）を受けるものとする。

　2003（平成15）年度からは，新任者4人あたり1人の指導教員を配置する「拠点校方式」を導入し，現在は約7割が拠点校指導教員からの指導を受けている。また，約7割が大学や民間と連携した研修を実施している。
　初任者研修の継続として，2年目・3年目といった若手教員を対象にした研修も実施されるようになってきた。初任者研修実施状況調査によると，若手研修は110の指定都市・都道府県教育委員会のうち68.2％にあたる75の自治体が実施している。

（2）十年経験者研修・中堅教諭等資質向上研修

　十年経験者研修は，2003（平成15）年から導入された制度である。教育公務員特例法に第24条において規定されており，11年目のすべての教員が研修を受けることになっている。2002（平成14）年の中央教育審議会答申「今後の教員免許制度の在り方について」において議論された教員免許更新制度にかわるものとして制度化された。同答申によれば，この研修の目的としては中堅段階にすすむ重要な時期に，「勤務成績の評定結果や研修実績等に基づく教員のニーズ等に応じた研修」を行い，「更に指導力を高めるための研修」やマネジメント等の「得意分野作り」と弱点を抱えている教員の指導力を補うことが意図されたものである。それぞれ20日程度の校内研修と校外研修で上記の課題に取り組むことになっている。
　十年経験者研修は，教員免許更新制との重なりのため，期間短縮や振替等の措置がとられるなどしていたが，2016（平成28）年11月に教育公務員特例法の改正が公布され，大幅な見直しがなされた。[*]
　2017（平成29）年4月から，十年経験者研修は，(1) 中堅教諭等資質向上研修に名称を改め，(2) 実施時期の弾力化と(3) 中堅教諭等としての職務を遂行する上で必要な資質の向上を図ることとされた。

　　＊同時に，校長及び教員の資質向上に関する指標の全国的整備等の大幅な変更が加えられることになった。研修にあたり，①文部科学大臣が教員の資質向上の指針を

策定し，②教育委員会が関係大学等と協議会を組織し，文部科学大臣の指針を参酌しつつ，③資質の向上に関する指標を策定する。④策定された指標をもとに教員研修計画を定めることとしている。

(3) 教員免許更新講習

2007（平成19）年に教育職員免許法が改正され，1年の試行実施を経て，2009（平成21）年から教員免許状の更新講習が導入されることになった。これにより，①教員免許は10年間に限り有効期間と定められ，免許状更新講習を修了することで更新が必要となり，②更新ができない場合は免許状が失効すること，③従来の免許状を有している現職教員も修了確認期限が定められ，期限までに講習の修了が求められることになった。

更新講習は文部科学大臣の認定を受け，大学が開設している。研修の内容は，当初は「教職についての省察並びに子どもの変化，教育政策の動向及び学校の内外における連携協力についての理解に関する事項（12時間以上）」と「教科指導，生徒指導その他教育の充実に関する事項（18時間以上）」の2つの領域，計30時間で構成されていたが，2016（平成28）年度からは，6時間の選択必修領域（所有する免許，勤務先の学校種類，教員としての経験に応じて選択する領域）が追加され，12時間の必修領域が6時間に精選され，一部は選択必修領域に移管されることになった。

教員免許更新講習については，先に述べた十年経験者研修等の関連の整理の必要等さまざまな議論があるが，教員免許更新制は，私立学校の教員も対象とし，現職教員以外の教員免許保有者全体に関わるという点で十年経験者研修と異なる点があることには注意を要する。

(4) 指導改善研修

教員免許更新制度は，不適格教員や指導力不足教員を排除するための制度ではないが，一方で指導が不適切な教員が生徒に与える影響は大きく，社会の関心事になっている。2007（平成19）年に教育公務員特例法第25条に，指導が不適切と認定された教員に対する指導改善研修が規定され，翌2008（平成20）年

表3-3 指導が不適切な教員の認定者数

	認定者数	うち新規認定者	研修を受けた者							別の措置が執られた者	前年度からの研修対象者
			現場復帰	依願退職	分限免職	分限休職	転任	研修継続	その他		
平成26年度	130	64	77	35	13	1	1	3	19	5	4	49
平成25年度	137	64	77	37	16	2	3	1	15	3	10	50
平成24年度	149	69	94	42	20	1	4	0	24	3	8	47
平成23年度	168	73	108	47	24	3	8	2	20	4	7	53
平成22年度	208	143	140	62	29	3	10	3	30	3	3	65
平成21年度	260	195	181	73	42	3	6	2	54	1	14	65
平成20年度	306	204	189	78	40	3	5	6	55	2	15	102

(出典) 文部科学省「公立学校教職員の人事行政の状況調査」各年版より筆者作成.

から実施されることになった。同法によれば「その能力，適性等に応じて，当該指導の改善を図るために必要な事項に関する研修」を実施し，指導の改善が不十分でなお児童等に対する指導を適切に行うことができないと認める教諭等に対して，免職その他の必要な措置を講ずる」ことになっている。表3-3に指導改善研修の対象となった教員の数を示す。

なお，指導が不適切と認定される教員の数は，2004（平成16）年度の566人をピークに減少に転じていること，平成26年度の認定者130人は母数である在職教員約76万人のうちの0.017％であることに注意を要する。

（5）大学院修学休業制度・大学院等派遣研修

2001（平成14）年度から教育公務員特例法に大学院修学休業の許可およびその要件等が定められた。これにより現職教員の大学院での研修，専修免許状への上進の機会が拡大した。同法によって，教員が公務員の身分を有したまま，職務に従事せずに大学院で研究するために休業（この間は無給である）することができることになった。

この他にも大学院派遣研修が各都道府県教育委員会において実施されている。文部科学省の大学院等派遣研修実施状況調査（平成26年度）によれば，1ヵ月

(教育公務員)

宣　誓　書

1　主権が国民に存することを認める日本国憲法を尊重し，かつ，擁護すること。
2　地方自治および教育の本旨を体するとともに公務を民主的かつ能率的に運営すべき責務を深く自覚し，全体の奉仕者として誠実かつ公正に職務を執行すること。
以上固く誓います。

　　年　　月　　日

　　　　　　　　　　　　　　　　　　　　　　　　　（氏　　　　　　名）印
　　　　　　　　　　　　　　　　　　　　　　　　　　　　　　　　　　○

図3-2　服務の宣誓書の例（大阪府）

以上の長期研修としての派遣に参加した教員は1,069名（内訳は大学院737名，大学専攻科14名，大学学部318名），そのうち一年以上の派遣は820名である。研修によって「理論と実践を基盤とした教科専門性の向上」の他「校内研修の中心として学校全体の指導力向上に貢献」といった波及効果があるとしている。

3　教員の服務

(1) 国立・公立・私立の教員の身分と規則

　服務・服務規律とは，職務についている者が守るべき規則である。公立学校の教員の身分は地方公務員である。地方公務員としての地方公務員法に定められる服務に加えて，教育公務員として教育公務員特例法に定められている規則に従うことが求められる。国立学校の教員は国立大学法人などの就業規則がある。私立学校の教員は，その学校の法人の規則によって服務が規定されている。
　学校は公の性質を有する場であり，学校の設置形態にかかわらず教員として遵守すべき事柄の多くは共通している。ここでは教員のうちの多数を占める公立学校の教員を中心に見ていくことにする。

(2) 服務の根本基準と服務の宣誓

　公務員について，日本国憲法の第15条2項「すべて公務員は，全体の奉仕者であって，一部の奉仕者ではない。」と定めており，地方公務員法においても，服務の根本基準として，第30条に「すべて職員は，全体の奉仕者として公共の利益のために勤務し，且つ，職務の遂行に当つては，全力を挙げてこれに専念しなければならない。」としている。

　公務員としての教員は根本基準を認識し，服務に従うことを宣誓することが求められる。新規に採用される教員は学校の校長室などで署名し，読み上げる形で宣誓を行うのが一般的である。

　また，学校では上記の法令や都道府県の条例を補足する形で校内服務規定や就業規則を作成している場合がある。私立学校においても，旧教育基本法第6条では「法律に定める学校の教員は，全体の奉仕者であつて，自己の使命を自覚し，その職責の遂行に努めなければならない。」とあり，公務員と同様ないし建学の精神を踏まえたより詳細な規定を定めている場合が多い。教員は設置形態を問わず，服務規則を十分に理解しておくことが肝要である。

(3) 服務の種類

① 職務上の義務と身分上の義務

　公務員の服務規律は，表3-3のように（1）職務上の義務と（2）身分上の義務の2つに大きく分けることができる。

　（1）職務上の義務：勤務時に職務にあたって従わなくてはならない義務である。これには，法令および上司の職務上の命令に従う義務と職務に専念する義務がある。

　（2）身分上の義務：勤務を離れても従わなくてはならない義務である。公務員としての身分を有することによって生じる義務で，私生活にも及ぶものである。これには信用失墜行為の禁止，秘密を守る義務，政治的行為の制限，争議行為の禁止がある。後述するが，義務の他に禁止と制限というように一律に禁止されるものと，条件によって認められるものの違いに注意が必要である。

表3-4　教員の服務と根拠法令

種類	内容	根拠法令
根本規準	服務の根本規準	日本国憲法 第15条2項・地方公務員法 第30条
職務上の義務	服務の宣誓	地方公務員法 第31条
	法令等及び上司の職務上の命令に従う義務	地方公務員法 第32条・地方教育行政の組織及び運営に関する法律 第43条2項
	職務に専念する義務	地方公務員法 第35条
身分上の義務	信用失墜行為の禁止	地方公務員法 第33条
	秘密を守る義務	地方公務員法 第34条
	政治的行為の制限	地方公務員法 第36条・教育公務員特例法 第18条
	争議行為の禁止	地方公務員法 第37条
	営利企業への従事制限	地方公務員法 第38条・教育公務員特例法 第17条

② 法令等および上司の職務上の命令に従う義務

　法令等および上司の職務上の命令に従う義務は，「職員は，その職務を遂行するに当つて，法令，条例，地方公共団体の規則及び地方公共団体の機関の定める規程に従い，且つ，上司の職務上の命令に忠実に従わなければならない。」（地方公務員法第32条）と規定されている。法令に従うことは，「全体の奉仕者」（日本国憲法第15条）たる公務員が，憲法を「尊重し擁護する義務」（日本国憲法第99条）はじめ各種法令，条例，規則を尊重することは当然のことである。

　加えて職務上の命令についてであるが，この場合の上司は教頭，副校長，校長，教育委員会教育長も職務上の上司であり，職務上の命令は，文書の他にも職員室の掲示や書面の回覧，電子メール，口頭によるものも含んでいる。

③ 職務に専念する義務

　職務に専念する義務は「職員は，法律又は条例に特別の定がある場合を除く外，その勤務時間及び職務上の注意力のすべてをその職責遂行のために用い，当該地方公共団体がなすべき責を有する職務にのみ従事しなければならない。」（地方公務員法第35条）と規定されている。

　この場合の特別の定めとしては，休職，停職，育児休業，休暇，研修等がある。研修については，前節でみたように職務命令による研修のほか職務に専念

する義務を免除されて行うものもある。教員の仕事は労働時間が長く，仕事と私生活の区切りが曖昧にならないように注意を払う必要がある。

④ 信用失墜行為の禁止

信用失墜行為の禁止は，「職員は，その職の信用を傷つけ，又は職員の職全体の不名誉となるような行為をしてはならない。」（地方公務員法第33条）と規定されている。

これに該当することは，職務上の法令違反に限らない。勤務時間外に自家用車を飲酒運転して人身事故を起こす等，職務に関係ない犯罪も同様である。また，法令違反に限らず，一般常識に照らして好ましくない言動も含まれる。特に教員は子どもを教育するという仕事の性格から，人々の疑心を招くことがあってはならならず，日常的振る舞いに注意しなければならない。

⑤ 秘密を守る義務

秘密を守る義務は「職員は，職務上知り得た秘密を漏らしてはならない。その職を退いた後も，また，同様とする。」（地方公務員法第34条）と規定されている。

学校は多くの個人情報を扱う場所である。たとえば，生徒の家庭事情，健康診断の記録，成績，指導要録，入試問題，教職員人事の情報等，部外者に漏らすことで当事者が不利益を被る情報が多い。近年はIT化によって，USBメモリやコンピュータの不適切な管理によって，個人情報を漏らす事案が多発している。秘密を守る義務は，勤務時間の内外を問わないことに加え，退職後も同様であること。服務規律違反に加えて，違反には罰金が科されることになっている。

⑥ 政治的行為の制限

一般の公務員は地方公務員法第36条の規定による。しかし，教員の場合には，地方公務員の身分を有しながらその職務の性質から，罰則規定を除いて国家公務員と同様に扱われる。「公立学校の教育公務員の政治的行為の制限について

は，当分の間，地方公務員法第三十六条の規定にかかわらず，国家公務員の例による。」(教育公務員特例法第18条)とされる。

　国家公務員法第102条では，政党や政治的目的のために寄付金を求める行為に関与する事や，人事院規則14-7で定める政治的行為としての「公選による公職の候補者となること」「政党その他の政治的団体の役員，政治的顧問，その他これらと同様な役割をもつ構成員となること」が禁止されている。

　この他にも教員の政治的活動については，他の法令によって制限が加えられている。「法律に定める学校は，特定の政党を支持し，又はこれに反対するための政治教育その他政治的活動をしてはならない。」(教育基本法第14条第2項)という規定の他，義務教育諸学校の児童生徒に対して，「義務教育諸学校の児童又は生徒に対して，特定の政党等を支持させ，又はこれに反対させる教育を行うことを教唆し，又はせん動してはならない」(「義務教育諸学校における教育の政治的中立の確保に関する臨時措置法」第3条)とされている。

⑦　争議行為の禁止

　争議行為の禁止について「職員は，地方公共団体の機関が代表する使用者としての住民に対して同盟罷業，怠業その他の争議行為をし，又は地方公共団体の機関の活動能率を低下させる怠業的行為をしてはならない。又，何人も，このような違法な行為を企て，又はその遂行を共謀し，そそのかし，若しくはあおつてはならない。」(地方公務員法第37条)と規定されている。

　つまり，職員はストライキやサボタージュその他によって，地方公共団体の活動を低下させること，これをそそのかすことが禁止されている。日本国憲法第28条において「勤労者の団結する権利及び団体交渉その他の団体行動をする権利は，これを保障する。」とあり，団結権・団体交渉権・争議権の労働三権が保障されているが，公務員にはこのうち争議権は認められていない。全体の奉仕者たる教員の争議行為によって児童生徒が不利益を被ることを防ぐためである。公務員には他の勤労者にはない身分保障をすることでこうした権利の制限をうめあわせている。

⑧ 営利企業への従事制限

「職員は，任命権者の許可を受けなければ，商業，工業又は金融業その他営利を目的とする私企業（以下この項及び次条第一項において「営利企業」という。）を営むことを目的とする会社その他の団体の役員その他人事委員会規則（人事委員会を置かない地方公共団体においては，地方公共団体の規則）で定める地位を兼ね，若しくは自ら営利企業を営み，又は報酬を得ていかなる事業若しくは事務にも従事してはならない。」（地方公務員法第38条）と規定されている。

公務員において一般的に副業は禁止されている。理由としては勤務時間の本来の職務に専念できないこと，営利企業への従事は全体の奉仕者たる公務員の公正に悪影響を及ぼすことが危惧されることなどが挙げられる。こうした懸念がない場合は任命権者の許可によって制限が解除される。また，教員については「教育に関する他の職を兼ね，又は教育に関する他の事業若しくは事務に従事することが本務の遂行に支障がないと任命権者の教育委員会において認める場合には，給与を受け，又は受けないで，その職を兼ね，又はその事業若しくは事務に従事することができる。」（教育公務員特例法第17条）と規定されている。これには，公立学校教員が私立学校（大学等）の非常勤講師を兼ねることなどの実例は多くみられる。ボランティア参加によって交通費を実費で受ける場合や，講演や原稿執筆に係る謝金については，労働の対価としての「報酬」ではないため許可は不要とされる。

4 教員の身分保障と懲戒・分限

（1）身分保障

教員（公務員）が「全体の奉仕者」として職務に専念するため，また，憲法で保障されている争議行為が禁止されている代替措置として，公務員の身分保証に関する規定が整備されている。

地方公務員法第27条において，職員の分限や懲戒が公正に行われることとともに，分限及び懲戒の基準について，地方公務員法に定められる事由によらな

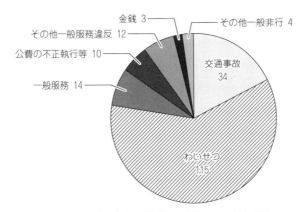

図3-3　平成26年度　懲戒処分（免職）の理由内訳

（出典）　文部科学省「平成26年度公立学校教職員の人事状況調査」より筆者作成．

表3-5　懲戒処分・訓告等を受けた教員数とその内訳

	懲戒処分の種類				合計	訓告等
	免職	停職	減給	戒告		
平成26年度	182(0)	184(2)	271(21)	315(71)	952(94)	8725(1,912)
平成25年度	196(0)	212(0)	340(25)	414(66)	1,162(91)	8332(2,153)
平成24年度	208(0)	148(2)	247(27)	366(46)	969(75)	9859(1,869)

（注）　（　）は，非違行為を行った所属職員に対する監督責任により懲戒処分等を受けた者の数で外数．
（出典）　文部科学省「公立学校教職員の人事行政状況調査」．

ければ，降任や免職や懲戒処分をうけないこと，法律や条例による事由によらなければ休職や降給されないことなどが定められている。

（2）懲戒処分

　これまで見てきたように教員にはさまざまな服務・義務があるが，これらに違反した場合には懲戒処分の対象となる。地方公務員法第29条には懲戒の種類と事由が定められている。懲戒処分として免職，停職，減給，戒告がある。この他，懲戒・不利益処分には含まれないが，統計に入れられる制裁措置として訓告（口頭による注意が主）がある。表3-5に近年の報告件数を示した。こ

表3-6 分限処分の種類と件数

	分限処分の種類							合計
	降任	免職	休職			その他	降給	
			起訴休職	病気休職	うち精神疾患			
平成26年度	3	4	19	8,277	5,045	99	0	8,402
平成25年度	2	12	17	8,408	5,079	121	0	8,560
平成24年度	0	8	32	8,341	4,960	144	0	8,525

(出典) 文部科学省「公立学校教職員の人事行政状況調査」による.

れらは，①法律・条令・規則・規定に違反した場合，②職務上の義務に違反又は職務を怠った場合③全体の奉仕者たるにふさわしくない非行のあった場合の何れかによる処分である。図3-3に懲戒処分（免職）の理由を示している。

（3）分限処分

先に述べたように公務員には懲戒による以外には身分の保障がなされている。しかし，身分保障にも限度があり，能率の維持や適正な運用のために，公務員に対する身分上の不利益処分も課されることがある。これが，身分保障の限界という意味で「分限」と呼ばれるものである。分限には降任，免職，休職，降給などの処分がある。先に述べた懲戒は本人の義務違反や過失に対する制裁として行われるものであるが，分限は本人の責めに帰さない点が異なる。表3-6に分限処分の種類と件数を示し，順にみていくことにする。降任・免職の理由としては，①勤務実績が良くない場合，②心身の故障によって職務の遂行ができなくなった場合，③その他適格性を欠く場合，④定数の改廃・予算の減少によって過員が生じた場合がある。

休職の理由としては，①心身の故障，②刑事起訴された場合がある。病気休職が数の上でも多く，そのうち精神疾患の占める割合が高いことから教員の精神的健康の増進が大きな課題となっている。

また，先述した指導改善研修に関して，指導が不適切とされる教員が指導改善研修を受けてもなお改善の兆しが見られない場合，分限免職の対象になる。

参考文献

今津孝次郎（2012）『教師が育つ条件』岩波書店．

大村はま（1973）『教えるということ』共文社．

文部科学省「改正後の教育基本法と改正前の教育基本法の英訳（試案）」
　　http://www.mext.go.jp/b_menu/kihon/data/07080117.htm

文部科学省（1992）『学制百二十年史』ぎょうせい．

中央教育審議会答申「これからの学校教育を担う教員の資質能力の向上について（答申）」2015年12月．

中央教育審議会（2014）『教員免許更新制の改善について（報告）』平成26年3月．

中央教育審議会答申（2002）「今後の教員免許制度の在り方について（答申）」平成14年7月．

　　　　　　　　　　　　　　　　　　　　　　　　　　　（佐野秀行）

第4章

初等・中等教育と教員

　教員はそれぞれの校種により専門的な教育を受けて，幼稚園から高等学校を通じて，将来自立して社会の中で豊かな人生を送るために「生きる力」を育むという理念のもと，知・徳・体の調和がとれ，生涯にわたって個性や資質能力を磨き，自らの未来を拓く力や，自覚と責任をもって主体的に行動する力を培うことを目指し，次代を担う人材育成に日々取り組んでいる。

　現在，幼児・児童・生徒を取り巻くさまざまな環境の変化，家庭・地域社会の教育力の低下，小1プロブレム，中1ギャップ，不登校，いじめ等の課題が山積する中で教員はそれぞれの校種により幼児・児童・生徒の発達段階に応じた教育，指導を行っている。本章では，教員の実際について各校種の特性を踏まえながら，教員の職務等について示してみる。

1　幼稚園教員の実際

（1）幼稚園教育の基本

　幼稚園教育については，学校教育法第22条に「幼稚園は，義務教育及びその後の教育の基礎を培うものとして，幼児を保育し，幼児の健やかな成長のために適当な環境を与えて，その心身の発達を助長することを目的とする。」を掲げている。幼稚園はこの目的達成のために，幼児期の特性を踏まえ，環境や遊びを通すことを基本にしながら，幼児期の心身ともに健全な成長を図る就学前の教育を行っている。そして，この第22条の規定する目的を実現するために，第23条において次の達成目標5項目を示している。

① 健康，安全で幸福な生活のために必要な基本的な習慣を養い，身体諸機能の調和的発達を図ること。
② 集団生活を通じて，喜んでこれに参加する態度を養うとともに家族や身近な人への信頼感を深め，自主，自律及び協同の精神並びに規範意識の芽生えを養うこと。
③ 身近な社会生活，生命及び自然に対する興味を養い，それらに対する正しい理解と態度及び思考力の芽生えを養うこと。
④ 日常の会話や，絵本，童話等に親しむことを通じて，言葉の使い方を正しく導くとともに，相手の話を理解しようとする態度を養うこと。
⑤ 音楽，身体による表現，造形等に親しむことを通じて，豊かな感性と表現力の芽生えを養うこと。

　幼稚園においては，第22条に規定する教育を行うほかに，幼児期の教育に関するさまざまな問題につき，保護者及び地域住民等の関係者からの相談に応じ，必要な情報の提供および助言を行う等，家庭および地域における幼児期の教育の支援も行っている。

(2) 教師の役割
　幼稚園教育の基本は環境を通して行う教育であるが，この環境には物的環境，人的環境等すべてが含まれる。特に人的環境は担任の教師だけでなく，周りの教師や友達すべてを指し，それぞれが重要な環境となる。幼児一人一人を理解し，その上で意図をもって計画的に環境を構成し，幼児の主体的な活動を直接援助すると同時に，教師自らも幼児にとって重要な環境の一つであることを忘れてはならない。また，幼稚園は，多数の幼児が集団生活を営む場であり，幼児一人一人が集団生活の中で主体的に活動に取り組むことができるよう，教師全員が協力して指導にあたることが必要である。

① 幼児の主体的な活動と教師の役割
　幼稚園教育においては，幼児の主体的活動としての遊びを中心とした教育を

実践することが何よりも大切であるが，教師は幼児の主体的な遊びを生み出すためにどのようにかかわるか，必要な教育環境を整えるとともに，幼児との信頼関係を十分に築き幼児と共によりよい教育環境をつくり出していくことが求められる。教師の役割は，人的環境の他に，物的・空間的環境を構成する役割と，その環境の下で幼児と適切なかかわりをする役割とがある。物的・空間的環境を構成する際には，特に幼児と物とのかかわりが重要であることを認識し，物の質や量をどう選択し，空間をどう設定するか考えていくことが重要である。また，幼児と適切なかかわりをするためには，幼児一人一人の特性を的確に把握し，理解することが基本となる。教師には，幼児の理解者としての役割，共同作業を行う者としての役割等，さまざまな役割を果たすことが求められるのである。幼稚園教育要領第3章第1の1の一般的な留意事項の（6）では「幼児の行う活動は，個人，グループ，学級全体等で多様に展開されるものであるが，いずれの場合にも，幼稚園全体の教師による協力体制をつくりながら，一人一人の幼児が興味や欲求を十分に満足させるよう適切な援助を行うようにすることである。」と掲げている。このように教師の役割を果たすために必要なことは，幼稚園教育の専門性を磨くことである。その専門性とは，幼稚園教育の内容を理解し，これらの役割を教師自らが責任をもって日々主体的に果たすことである。つまり，幼児一人一人の行動と内面を理解し，心の動きに沿って保育を展開することによって，心身の発達を促す援助ができる専門家としての自覚と資質の向上に教師が努めることが求められる。

　幼児の行動と内面の理解を一層深めるためには，教師は幼児の活動を幼児と共に行ないながら考え，教師自らのかかわり方との関係で振り返り，さらに，幼児の降園後に1日の生活や行動を振り返る。このことが，翌日からの指導の視点を明確にし，さらに充実した教育活動を展開することにつながるのである。これらのことを日々繰り返すことにより，幼稚園教育に対する専門性を高め，自らの能力を向上させていくことができるのである。

② 集団生活と教師の役割
　教師が幼児一人一人を理解し心の動きに応じることとは，一人一人の幼児の

活動を援助することや幼児と一対一でかかわるようにすることを意味するものではない。幼児の主体的な活動は，友達とのかかわりを通してより充実し，豊かなものとなる。そこで，一人一人の思いや活動をつなぐよう環境を構成し，集団の中で個人のよさが生かされるように，幼児同士がかかわり合うことのできる環境を構成していくことが必要である。

集団には，同じ物への興味や関心，あるいは同じ場所にいたことからかかわりが生まれる集団や，同じ目的をもって活動するために集まる集団もあれば，学級のようにあらかじめ教師が組織した集団もあり，それぞれの集団の中で幼児は多様な経験をする。幼児の発達の特性を踏まえ，それぞれの集団の中で，幼児が主体的に活動し多様な体験ができるように援助していくことが必要である。幼児期は自我が芽生える時期であり，友達との間で物をめぐる対立や思いの相違による葛藤が起こりやすい。幼児はそれらの経験を通して，相手の気持ちに気付いたり，自分の思いを相手にわかってもらうために伝えることの大切さを学んだりしていく。また，自分の感情を抑え，相手のことを思いやる気持ちも学んでいく。この意味で，友達との葛藤が起こることは，幼児の発達にとって大切な学びの機会であるといえる。ここで教師は，幼児一人一人の発達に応じて，相手がどのような気持ちなのか，あるいは自分がどのようにすればよいのかを体験を通して考えたり，人として絶対にしてはならないことや言ってはならないことがあることに気付いたりするように援助することが大切である。また，集団の生活にはきまりがあることに気付き，そのきまりをなぜ守らなければならないかを体験を通して考える機会を与えていくことが重要である。

集団における個々の幼児への指導で大切なことは，幼児が単に集団の中で友達とかかわっていればそれでよいということではない。重要なのは，幼児一人一人が主体的に取り組んでいるかどうかを見極めることである。たとえば，集団に入らずに一人でいる幼児については，その幼児の日々の様子をよく見て，心の動きを理解することが大切である。何かに興味をそそられ，一人での活動に没頭していて加わっていないのか，教師から離れるのが不安で参加していないのか，集団に入ろうとしながらも入れないでいるのか等，状況を判断し，適切なかかわりをその場に応じて行うことが必要である。また，一見集団で遊ん

でいるように見えても，主体的に取り組んでいない幼児がいることから，皆で楽しく遊べないこともある。このようなときには，目的をもって充実した活動が展開できるよう環境を再構成し，援助していくことが求められる。

　また，さまざまな集団がある中で，学級は幼児にとって仲間意識を培う基本となる集団である。教師は１年間を見通して，幼児の様子を見ながら，時期に応じた学級での集団づくりへの援助を行っていかなければならない。たとえば，入園当初や学年の始めには，幼児は新しい友達や先生の中で不安を抱き，打ち解けられずに緊張しているため，主体的に活動ができないことが多い。そこで，教師が幼児の心情をよく理解し，受け止め，一人一人のよさを認め，学級として打ち解けた温かい雰囲気づくりを心がけ，幼児が安心して自己を発揮できるようにしていくことが必要である。また，友達関係がある程度できてくると，決まった友達とだけ遊ぶことも起こってくる。時期を見て，いろいろな友達とかかわり合うきっかけとなる環境の構成や援助をしていくことも教師の役割である。

　幼児は，さまざまな友達とのかかわりの中で多様な経験をし，よさを相互に認め合い，友達とは違う自分のよさに気づき，自己を形成していく。集団で一つのものを作ったり，それぞれが役割を分担して一つのことを成し遂げたりすることを通して，仲間意識がさらに深まる。皆で協力し合うことの楽しさや責任感，達成感を感じるようになり，友達にもわかるようきちんと自分の思いを主張したり，ときには自分のしたいことを我慢して譲ったりすることを学んでいくのである。このような集団での活動を通して，自分たちのもの，自分たちの作品，そして，自分たちの学級という意識が生まれ，幼稚園の中の友達やもの，場所等に愛着をもち，大切にしようとする意識が生まれる。

③　教師間の協力体制

　幼児一人一人を育てていくためには，教師が協力して一人一人の実情をとらえていくことが大切である。幼児の興味や関心は多様であるため，並行してさまざまな活動をしている幼児を同時に見ていかなければならない。このためには，教師同士が日ごろから連絡を密にすることが必要であり，その結果，幼稚

園全体として適切な環境を構成し，援助していくことができるのである。連絡を密にすることのよさは，教師が相互にさまざまな幼児にかかわり，互いの見方を共有することで，幼児理解を深められることである。教師は自分と幼児との関係の中で一人一人の幼児を理解している。しかし，同じ幼児について別の教師は違う場面を見ていたり，同じ場でも異なって捉えていたりすることもある。また，幼児自身がそれぞれの教師によって違ったかかわりの姿を見せていることもある。したがって，日々の保育を共に振り返ることで，教師が一人では気づかなかったことや自分とは違う見方，考え方に触れながら，幼稚園の教職員全員で一人一人の幼児を育てるという視点に立つことが重要である。

このような教師間の日常の協力と話し合いをさらに深め，専門性を高め合う場が園内研修である。園内研修では，日々の保育実践記録を基に多様な視点から振り返り，これからの在り方を話し合っていくことを通して，教師間の共通理解と協力体制を築き，教育の充実を図ることができる。教師一人一人のよさを互いに認め合い，教師としての専門性を高めていく機会とすることができる。そのためには，園長が広い視野と幼稚園教育に対する識見に基づいてリーダーシップを発揮し，一人一人の教師が生き生きと日々の教育活動に取り組めるような雰囲気をもった幼稚園づくりをすることが求められる。つまり，教師同士が各々の違いを尊重しながら協力し合える開かれた関係をつくり出していくことが，教師の専門性を高め，幼稚園教育を充実するために大切である。

2 小学校教師の実際

(1) 小学校教育の基本

小学校教育については，学校教育法第29条に「小学校は，心身の発達に応じて，義務教育として行われる普通教育のうち基礎的なものを施すことを目的とする。」とあり，第30条に「小学校における教育は，前条に規定する目的を実現するために必要な程度において第21条各号に掲げる目標を達成するよう行われるものとする。」とある。この「第21条　義務教育として行われる普通教育は，教育基本法（平成18年法律第120号）第5条第2項に規定する目的を実現す

るため，次に掲げる目標を達成するよう行われるものとする。」にある目標は以下の通りである。

① 学校内外における社会的活動を促進し，自主，自律及び協同の精神，規範意識，公正な判断力並びに公共の精神に基づき主体的に社会の形成に参画し，その発展に寄与する態度を養うこと。
② 学校内外における自然体験活動を促進し，生命及び自然を尊重する精神並びに環境の保全に寄与する態度を養うこと。
③ 我が国と郷土の現状と歴史について，正しい理解に導き，伝統と文化を尊重し，それらをはぐくんできた我が国と郷土を愛する態度を養うとともに，進んで外国の文化の理解を通じて，他国を尊重し，国際社会の平和と発展に寄与する態度を養うこと。
④ 家族と家庭の役割，生活に必要な衣，食，住，情報，産業その他の事項について基礎的理解と技能を養うこと。
⑤ 読書に親しませ，生活に必要な国語を正しく理解し，使用する基礎的な能力を養うこと。
⑥ 生活に必要な数量的な関係を正しく理解し，処理する基礎的な能力を養うこと。
⑦ 生活にかかわる自然現象について，観察及び実験を通じて，科学的に理解し，処理する基礎的な能力を養うこと。
⑧ 健康，安全で幸福な生活のために必要な習慣を養うとともに，運動を通じて体力を養い，心身の調和的発達を図ること。
⑨ 生活を明るく豊かにする音楽，美術，文芸その他の芸術について基礎的な理解と技能を養うこと。
⑩ 職業についての基礎的な知識と技能，勤労を重んずる態度及び個性に応じて将来の進路を選択する能力を養うこと。

これらは，人間関係の在り方から衣食住等基本的な日常生活習慣の理解等生活面と生涯にわたり学習する基盤が培われるよう，基礎的な知識及び技能を習得させるとともに，これらを活用して課題を解決するために必要な思考力，判

断力，表現力等の能力を育み，主体的に学習に取り組む態度を養うこと．つまり「生きる力」を育むことを目的としている。

（2）教師の職務
① 学習指導

小学校は基本的に担任学級の教科，教科外を含め，登校から下校まですべてを学級担任が指導をする形態であるが，近年，各学校では多様な指導形態を取り入れる試みが行われている。たとえば，児童に基礎学力を確実に身につけさせ，一人一人のもつ能力や適性等に応じた教育活動を展開するため，児童の状況や教科の特性を踏まえつつ，できるだけ多くの教職員が一人ひとりの児童と関り，その成長発達を見守り支援している。また，学習効果を高めるために，個に応じた多様な教育の推進に係る指導方法や，少人数学習集団を編成して進める少人数授業等きめ細かな指導の充実，これらを契機として進める学年での学年副担任制や同学年での教科担任制の導入，総合的な学習の時間での体験や課題解決を重視した指導の推進等，新学習システムの推進への取り組みがなされている。

② 校務と職務

幼稚園～高等学校に当てはまるが，学校の校務（学校の仕事全体を指すもの）は学校がその目的である教育事業を遂行するため必要とされるものであり，教育課程に基づく学習指導等の教育活動に関すること，学校の施設設備，教材教具に関すること，文書作成処理や人事管理事務や会計事務等の学校の内部事務に関すること，教育委員会等の行政機関やPTA，社会教育団体等との連絡調整等の渉外に関すること等がある。職務は校務のうち教員に与えられ果たすべき任務・担当する役割であり，具体的には，児童生徒の教育のほか，教務，生徒指導又は会計等の事務，あるいは時間外勤務としての非常災害時における業務などがある（図4-1参照）。これらの校務は，校務分掌として教職員が手分けをして受け持っている（図4-2参照）。

児童生徒の指導に関する業務
・時間割の作成，教室等使用割当ての作成，授業時数の管理
・副教材の採択（選定作業，採択委員会）
・学校行事の年間計画の策定，各種行事の企画
・学校行事の事前準備，当日の運営，後片付け
・テスト問題の作成，採点
・成績一覧表・通知表の作成，指導要録の作成
・週案・指導案の作成
・教材研究，教材作成，授業（実験・学習）の準備
・研修会や教育研究の事前レポートや報告書の作成
・職場体験，校外学習等の事前打合せ
・学年・学級通信の作成，掲示物等の作成・掲示
・宿題，提出物の点検
・朝学習，朝読書の指導，放課後学習の指導
・出欠連絡や保護者から電話連絡への対応，保護者への連絡（緊急時，周知）
・清掃指導，教室等の環境整備
・登校・下校指導，通学路の点検
・危機管理（不審者，学校侵入への対応）
・日々の成績処理（テスト等のデータ入力・統計・評定）
・学期末の成績・統計・評定処理
・部活動の活動計画の作成
・部活動の技術的な指導，各種大会（運動部・文化部）への引率等
・関係機関への申請・登録，大会申込み
・生徒指導，進路・就職指導等に関する関係機関との連携
・児童・生徒の問題行動への対応（時間外での家庭訪問，指導を含む）
・児童・生徒の指導に関する照会画回答
・特別な支援が必要となる児童生徒への対応
・児童・生徒，保護者との教育相談
・進路指導に関する業務（進路先データの収集，連絡調整，進路説明会等への参加）
・進学・入試に関する業務（調査書・受験書類の作成・点検，合否確認）
・進路相談，保護者進路説明会の開催
・給食指導・安全管理（アレルギー児童生徒への対応）

学校運営に関する業務
・児童・生徒，保護者アンケートの実施・集計
・朝の打合せ，学年会議，職員会議，各種委員会等の会議の実施
・会議のための事前準備（書類の作成・開催の連絡），事後処理（議事録，まとめ）
・PTA活動に関する業務（活動への参加，会計・事務処理）
・地域との連携に関する業務（地域行事への参加，児童生徒の引率）
・保護者・地域からの要望・苦情等への対応
・国や教育委員会からの調査やアンケートへの対応
・児童・生徒の在籍管理（名簿作成，出席簿の記入，月末統計）
・月末の統計処理（出席簿）や教育委員会への報告文書（いじめ，不登校，月例報告等）の作成
・備品・施設の点検・整備，修繕
・学校・敷地内の環境整備（清掃・除草など）

図4-1　教諭の業務（例）

第4章　初等・中等教育と教員

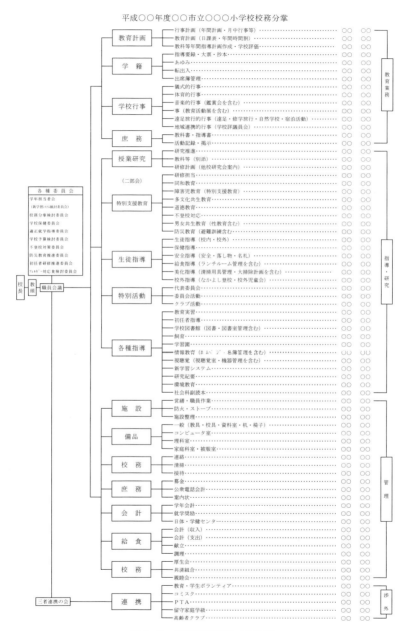

図4-2　校務分掌の例（小学校）

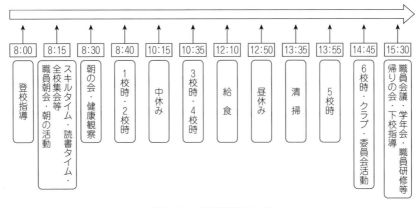

図4-3　小学校教師の一日

(出典)　文部科学省発行「教員をめざそう！」より．

③ 教師の一日

　小学校教師は児童が学校にいる間は息を抜くことができない。登校から下校までスムーズに教育活動を行うためには前日の児童下校から当日の登校までの準備が必要となる。児童の下校後の教員の仕事は多種多様である。ほとんどの教員は児童の下校後，学校全体の仕事（職員会議，各種委員会等へ出席），学年の仕事（学年研究会，学年の学習園等の整備等），学級の仕事に取り組んでいる。

　ある2月初旬の放課後の職員室をのぞいてみると，それぞれの教員が自分の担当の仕事で，「卒業式に渡す写真（6年生と1年生が一緒にとった思い出の写真）選び」「読書カードの整理，緊急時の引き取りカードをチェック」「給食費の精算（講師や大学生のボランティアから支払われたもの）」「卒業式の打ち合わせ」「避難計画のアンケート集計」「同じ学年の先生と通知表の打ち合わせ」等を行っていた。これらは，児童や保護者からは見えないものである。一方，各教室ではそれぞれの教員が日々の教育がスムーズに行えるように，教室環境の整備や提出されたノートのチェック，理科室では授業で使った実験器具の後片付けや次の教師が使用するために使用したアルコールランプへのアルコール液の補充等を行っていた。これらの業務を終えると，時間的にはかなり

遅くなることもあり，自宅に持ち帰ってすることも多い。たとえば，学級の仕事（ノート点検，プリント採点，感想文のチェック，特に指導を要する児童家庭への連絡等），自身の授業の振り返り（今日の板書の写真を見ながら授業を振り返る等）も含め，その日のうちに処理をしておかなければ翌日以降の学習指導等がスムーズに進まないのである。

3 中学校教師の実際

（1）中学校教育の基本

1998（平成10）年7月の教育課程審議会答申においては，中学校は，義務教育の最終段階として，また，中等教育の前期として，個人または国家・社会の一員として社会生活を営む上で必要とされる知識・技能・態度を確実に身に付け，豊かな人間性を育成するとともに，自分の個性の発見・伸長を図り，自立心をさらに育成していくことが求められている。

中学校教育については，学校教育法第45条「中学校は，小学校における教育の基礎の上に，心身の発達に応じて，義務教育として行われる普通教育を施すことを目的とする。」とあり，さらに第46条において「中学校における教育は，前条に規定する目的を実現するため，第21条各号に掲げる目標を達成するよう行われるものとする。」としている（小学校のページを参照）。

2008（平成20）年9月の学習指導要領改訂では，21世紀は，「知識基盤社会」の時代であるといわれている。知識基盤社会化やグローバル化は，アイディアなど知識や人材をめぐる国際競争を加速させ，異なる文化や文明との共存や国際協力の必要性を増大させている。このような状況において，確かな学力，豊かな心，健やかな体の調和を重視する「生きる力」をはぐくむことがますます重要になっているとして，これらに対応するため，① 教育基本法改正等で明確となった教育の理念を踏まえ「生きる力」を育成すること。② 知識・技能の習得と思考力・判断力・表現力等の育成のバランスを重視すること。③ 道徳教育や体育などの充実により，豊かな心や健やかな体を育成すること。の3点を打ち出している。

（2）中学校教師の役割

　小学校との大きな違いは教科担任制である。教科担任は教科の専門家でなくてはならない。誰にも負けない研究や指導実践を積み重ねた専門知識と深い生徒理解，深い教育的愛情を身につけていることである。その上でその教科内容をそれぞれの生徒に理解をさせるとともに，その学習内容をいかに定着させるかの指導力や指導技術に優れていることが求められるのである。新入学の1年生の生徒たちが戸惑うのはこの教科担任制である。学習内容や学習のリズムの変化になじめないことも中一ギャップの一因でもある。他にも，小学校までに築いた人間関係が失われ，学習内容のレベルが上がることや先輩・後輩の上下関係の中で自分の居場所をなくす等，生活リズムの変化になじむことができず，いじめが増加したり不登校になったりする中一ギャップの解消も教師の大きな課題である。小学校では，生活全般を共にし，自分の個性や得意・不得意等を承知している担任が授業を行なうが，中学校に入ると，担任が生徒と過ごす時間は朝のホームルーム，昼食時（学校による），担任の教科の時間，帰りのホームルームぐらいであり，生徒との信頼関係を築き生徒を理解するには，生徒と接する時間が短いため，さまざまな工夫が要求される。このような環境下で生徒は緊張し，先生との距離を感じることも少なくない。また，学習内容も細分化され，より専門的になる。このような中で教師はそれぞれ生徒の入学時の学力を把握しその上に，個人の発達段階に応じてきめ細かく指導する必要がある。この現実の中で生徒との信頼関係を作りあげることが求められるのである。

　2013（平成25）年の数値では，高校への進学率は98.4％である。すなわち，クラスほぼ全員が高校に進んでいることになる。生徒たちが希望の進路を選択できるように，要点を明確にし，「わかった」「できた」という達成感が味わえる授業を構築することと，部活動をはじめ，生徒会活動，学級活動，学校行事等の特別活動では，集団活動を通して，心身の発達と個性の伸長を目指す指導を行なうことが求められる。中学校を卒業するということは，義務教育を終えるということであり，卒業後すぐ社会に出る生徒と高校に進む生徒が集まり，同級生や先輩・後輩と新たな人間関係を築いていかなければならない。将来社

4：30	起床
4：30～6：00	授業準備
6：00～	朝食
6：40	出勤
7：00	学校着
7：15～8：15	サッカー部の朝練
8：20～8：30	職員の打ち合わせ
8：30～8：40	担任のクラスで朝の学習指導
8：40～8：45	学活
8：50～12：40	授業（ない時間帯は，校内巡回）
12：45～13：00	教室で昼食
13：00～13：20	昼休み。生徒との対話
13：25～15：15	授業
15：15～15：40	学活，清掃活動
16：00～17：00	生徒指導の会議
17：00～18：00	部活指導
18：00～20：30	学級通信づくり，提出物の点検，家庭への電話連絡，若手教員の指導，授業準備
21：00	帰宅，食事
21：30～23：00	教材研究・準備
23：30	就寝

図4-4 首都圏の公立中に勤務する男性教諭のある一日

(出典) 読売新聞，2015年7月28日朝刊．

会の一員として，またその集団の一人としてよりよい生活を送ったり，円滑なコミュニケーションを図ったりするには，それに近い状況を経験させるとともにさまざまな問題に直面し，葛藤しながらも，生徒たちが自主的にかかわり，場に即した行動がとれるように支援するのも，中学校教師の大切な役割である。

4 高等学校教師の実際

(1) 高等学校教育の基本

高等学校教育については，学校教育法第50条「高等学校は，中学校における

教育の基礎の上に，心身の発達及び進路に応じて，高度な普通教育及び専門教育を施すことを目的とする。」とあり，目的を実現するため，第51条において達成目標をつぎのように掲げている。

① 義務教育として行われる普通教育の成果を更に発展拡充させて，豊かな人間性，創造性及び健やかな身体を養い，国家及び社会の形成者として必要な資質を養うこと。
② 社会において果たさなければならない使命の自覚に基づき，個性に応じて将来の進路を決定させ，一般的な教養を高め，専門的な知識，技術及び技能を習得させること。
③ 個性の確立に努めるとともに，社会について，広く深い理解と健全な批判力を養い，社会の発展に寄与する態度を養うこと。

中学校卒業段階の青少年は能力・適性・進路等も多様であるから，高等学校以外の教育機関に進む道や，実社会に出る道等多様な選択の道があるのだが前述したように現在はほぼ全員が高校進学の道を選んでいる。これは中学校までの基礎の上にさらに専門性の高い教育を受けたいという青少年の希望であり，高等学校も今や義務教育化の時期にきているように思えるのである。

（2）高校教師の役割

高校教師には人間性が豊かで，深い学識と高い教養をもち，個々の生徒の考えを大切にするとともに「生徒の人間性の育成」，および「生徒の未来の選択肢を増やす」ことを基本にし，多様化する社会の動きを敏感に感じ取り，生徒に適切な指導やアドバイスをすることが求められているのである。このような教師が生徒からの信頼と尊敬を得るのである。教師と生徒は友達ではなく，ある程度の距離を置いて接することが必要な場合もある。「社会に出て通用する人間形成をすることにある。」それが教師としての役割である。
近年の指導上の大きな課題は，「生徒の学習意欲の低下や生徒間の学習意欲の格差」と「将来なりたい職業が決まっているという生徒の減少」である。これは将来の希望がはっきりしないために学習意欲の低下にもつながっていると考

えられる。

　これらの生徒に学びの感動を与えるとともに夢を持たせるための自信を与えるような授業を行い，大人になったらどのような職業に就きたいかを話し合うことが将来の職業意識を持たせることになる。学力低下や偏差値向上が叫ばれているおり，教育機関に根本的な学力向上への改革が必要と言われている。生徒同士が切磋琢磨し，よきライバル，よき友人として絆を育めるように努力するのも教師の重要な役割である。そのためには教師は生徒一人ひとりをよく理解し，さまざまな情報をもって初めて生徒と良好な関係を築きあげることができる。生徒との信頼関係がやがては教師の役割を全うすることにもつながるのである。

参考文献
文部科学省「幼稚園教育要領解説」(平成20年7月).
文部科学省「小学校学習指導要領解説」(平成20年6月).
文部科学省「中学校学習指導要領解説」(平成20年7月).
文部科学省「高等学校学習指導要領解説総則編」(平成21年7月).
文部科学省「教員の職務について」.
「学校と教職員の業務実態の把握に関する調査研究」平成27年3月全国公立小中学校
　　事務職員研究会.
文部科学省初等中等教育局教職員課「教員をめざそう！」.
読売新聞「多忙な1日」(2015.7.28朝刊).

　　　　　　　　　　　　　　　　　　　　　　　　　　　　　　(砂子滋美)

第5章

管理職・主任の役割

　学校教育においては，教育活動が管理職を中心に意図的・計画的・組織的に展開されることによって，子どもたちの健やかな成長が図られる。
　そのためには，管理職をはじめすべての教職員が各自の役割を理解し，やるべき役割に対して意欲的に取り組むとともに，職務の遂行を通して自分の置かれた立場に求められる資質・能力をしっかり身に付け，その実践の中で発揮することである。
　そこで，ここでは，管理職や主任等の役割や求められる資質・能力について整理し紹介する。

1　学校現場の課題

　現在，学校現場では，さまざまな教育上の課題が発生し，複雑化してきている。たとえば，次のような課題である。
　(1) 指導時間の確保と教科等の各々の指導の充実による確かな学力の定着
　(2) 個々に即した指導の充実による「いじめ・不登校」の解消
　(3) 「教育課程の編成の工夫」「指導法の開発」による，新たな時代に対応できる力の育成
　さらに，近年，教職員の年齢構成の変化や新たな学校運営の求め等により，組織運営上の課題も新たに生じている。次のような課題である。
　(4) 大量退職による中堅教員の不足に伴うミドルリーダー**の育成
　(5) 学校へ導入された組織マネジメントを支える組織リーダーの求め

　＊社会や世界の状況を幅広く視野に入れたり，地域資源を活用した教育課程の編成と，その実践を通した「自らの人生を切り拓く資質・能力の育成」が求められてい

る。
＊＊ミドルリーダーとは，学校づくりを最前線で担う「チームリーダー」で，トップとローワーを結ぶ連結ピンとして，校長・教頭の補助，担当校務の企画運営，関係職員への連絡調整・支援が求められている。

そこで本章では，これらの課題を解決へと導くための一助となるよう「管理職や主任等の職務内容」，解決にあたって求められる「身に付けるべき資質・能力」に分け，職種毎の要点を整理する。

2 校長の職務と求められる資質・能力

(1) 校長の職務

学校の最高責任者として，学校全体を指揮する権限をもっているのが校長である。同時に，学校におけるすべての責任を負うのも校長である。

公立の学校における教育は，教育行政の一貫として行われるので，公の性質を有する（教育基本法第6条（学校教育））。公教育は法律に則って行われるもの（教育基本法第16条（教育行政））であるから，校長は学校の最高の責任者として，それを遂行していく職務と責任が課せられている。

校長の職務は，次のように2つに大別される。

「法令の定めに基づく職務」「教育委員会による委任・命令に基づく職務」
そこで，2点から職務の概要を紹介する。

① 法令の定めに基づいた職務

校長の職務については，学校教育法第37条第4項に次のように定めている。

校長は，校務をつかさどり，所属職員を監督する。
（＊同法第49条で中学校にも準用される。）

この規定から，校長の職務は「校務をつかさどる職務」と「所属職員を監督する職務」に分けることができる。前者には校務掌理権，後者には所属職員監督権が委ねられている。

表5-1　校長が管理すべき校務とその主な内容

校　　務	主　な　内　容
運営管理	・学校の教育目標の具現化をめざして教育課程を編成し，教職員や児童生徒を指導監督しながら教育の推進に直接かかわること。 ・教育事業の推進を支援・充実するための事務や財務にかかわること。
物的管理	・教育活動の推進のために校舎や校庭を安全に管理，施設・設備の整えにかかわること。
人的管理	・教育活動の充実・活性化のため，校内の組織を整え，教職員の服務を監督することにかかわること。

【校長の職務①】「校務のつかさどり」

「校務」とは，学校が組織体として教育活動を展開していく上で必要なすべての職務をいう。

表5-1に示すのは，校長が管理すべき校務とその主な内容である。

「つかさどる」とは，公の機関やその職員が，職務として一定の事務を担当することをいう。「教諭は児童の教育をつかさどる。」という場合は，担当するとの意味で用いられ，「校長は校務をつかさどる。」という場合は，管理するとの意味で用いられている。

したがって，「校務をつかさどる」とは，校長の責任において校務を処理していくといういうことであり，学校運営が意図的・計画的・組織的に行われるよう校務を所属職員に分担し教育活動を展開することである。

次のように示されている。

〈学校教育法施行規則第4章小学校第43条〉
　小学校においては，調和のとれた学校運営が行われるためにふさわしい校務分掌の仕組みを整えるものとする。（＊同規則第79条で中学校にも準用する。）

【校長の職務②】「所属職員の監督」

校長による所属職員の監督には次の2つがある。

1　所属職員が，与えられた校務の職責を果たしているか，法令に違反していないかなどの職務の遂行状況の監督（職務上の監督）
2　所属職員が法で禁止または制限している信用失墜行為，政治的行為，宗教的行為，争議行為等を行っていないかの監督（身分上の監督）

(1) 職務上の監督

校長には，当該校の管理運営に対して直接的な責任を負わされている。そのため，校長には「所属職員に対し指示・指導すること」とともに，学校教育目標の実現のための「職務遂行の状況を監督すること」が認められている。

〈地方公務員法第32条〉
　職員は，その職務を遂行するに当って，法令，条例，地方公共団体の規則及び地方公共団体の機関の定める規定に従い，且つ，上司の職務上の命令に忠実に従わなければならない。

職務命令が有効に成立するための要件は，次のとおりである。

1　権限ある職務上の上司から発せられたものであること。
　＊上司とは学校の場合，すべての職員に対する関係では校長が上司で，校長以外の職員に対しては副校長（教頭）が上司であり，校長，副校長以外の職員に対する関係では教頭が上司であり，主幹教諭は担当する校務について教諭等の上司に当たる（学校教育法第37条第4項～第9項）。
　＊市町村教育委員会は，県費負担教職員に関する関係で，職務上の上司である（地方教育行政の組織及び運営に関する法律第43条第1項，第2項）。
2　職員の職務に関するものであること。
3　法律上又は事実上の不能を命ずるものでないこと。

(2) 身分上の監督

身分上の監督は職務上の監督とは異なり，勤務時間の内外を問わず，公務員に求められる言動に対する監督である。

したがって，校長は，職員の職務の遂行にあたって，それが目的にあっているかどうかを見守ることが求められる。もし，それが不十分であったり間違っていたりした場合には，法令（義務）に違反しないように指導・助言，指示・命令，調停等を行うことが求められる。図示すると図5-1のようになる。

個々の法令等に規定された校長の職務を整理すると，表5-2のようになる。

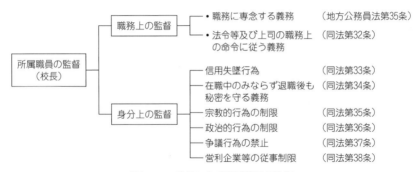

図5-1　校長による所属職員の監督

表5-2　法令等に規定された校長の職務

運営管理|	
学校教育の管理	・職員会議の主宰 ・学校評議員の推薦 ・授業終始時刻の決定 ・非常変災時の臨時休業と教育委員会への報告 ・教育課程の基準 ・教科書を直接児童生徒に給与
児童・生徒の管理	・児童・生徒への懲戒（懲戒権） ・指導要録の作成（指導要録の作成権）、進級先 ・転学先への指導要録の写しの送付 ・出席簿の作成・長期欠席者等の通知 ・全課程修了者の市町村教委への通知（課程修了の認定権） ・中途退学者の市町村教委への通知 ・児童・生徒の出席状況の把握 ・卒業証書の授与・就学猶予 ・免除者の相当学年への編入 ・教育扶助に関する保護金品の受給 ・児童就労が修学に差し障りない旨の証明
学校保健・安全の管理	・健康診断 ・臨時健康診断の実施 ・感染症による児童・生徒の出席停止（出席停止権） ・学校環境の安全の確保 ・健康診断票の作成、進学先・転学先への送付

物的管理|	
施設・設備の管理	・学校施設の目的外使用の同意 ・社会教育のための学校施設利用に対する意見 ・防火管理者の決定と消防計画の作成実施

人的管理|	
教職員の管理	・校長の職務代理者についての定め ・所属職員の進退に関する意見の申出 ・勤務場所を離れての研修の承認 ・勤務時間や勤務条件等 ・身分上の義務（図5-1参照）

第5章　管理職・主任の役割

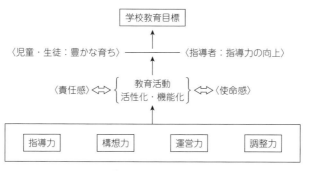

図5-2　校長に求められる資質・能力

② 教育委員会による委任・命令に基づいた職務

校長の職務として，市町村教育委員会から委任，または補助執行を命じられたものとしては，次のような内容がある。

- 学校施設の目的外使用の許可（体育館の夜間・休日での地域住民による使用等）
- 設備や備品の管理（遊具や楽器，実験に使う薬品等の管理）
- 教職員の勤務時間の割り振り　　・特別休暇や病気休暇等の承認
- 時間外勤務の命令　　　　　　　・教職員に対する出張命令や研修命令
- 地方公共団体の長の権限に属する学校関係の財務に関する事務

（2）校長に求められる資質・能力

校長は，意図的・計画的・組織的な運営を通して，学校に期待される目的・目標を達成する学校経営の責任者である。

したがって，目指す学校に迫るための学校経営ビジョンを創り上げる「構想力」，学校の教育目標の実現のための組織づくりや環境整備のための「運営力」，所属教職員の能力を引き出し育てる「指導力」，学校の各種活動を効果的・効率的に進めるため外部と折衝を行う「調整力」が求められている（図5-2）。

校長に求められる「資質・能力」や具体的な「内容」（例）は，表5-3のとおりである。

表5-3 校長に求められる「資質・能力」や具体的な「内容」(例)

校長の役割	求められる資質・能力	具体的な内容(例)
学校経営ビジョン構築	学校の教育目標実現のための重点事項を明確にし、実現のシナリオ(中期・短期)を描く**構想力**。	・実態等把握と分析(子ども・職員・学校・保護者・地域・設立者の方針)。 ・学校経営のビジョン描き(中長期)。 ・学校づくりの方向の確定と発信。 ・実践の成果・課題に基づくビジョンの修正・強化。
環境づくり	学校内外の資源(人的・物的・財政的・情報的資源)の効果的な活用のための学校内の組織づくりや環境整備のための**運営力**。	・教育成果をあげる校内の組織づくり。 ・校務の各部等の役割の明確化。 ・副校長(教頭)等との意見交換による学校全体の運営の検討。 ・校務の各部の主任や担当とのコミュニケーション
人材育成	学校の各種の教育活動を通して、教職員の諸能力を向上させ、信頼される指導者として育てる**指導力**。	・教職員の能力が育つ役割や機会を準備する。 ・教育活動の計画・実践・評価等の折に、機会を捉え、配慮ある指導・助言をする。 ・教職員のメンタルヘルスへ配慮する。 ・将来の管理職・ミドルリーダーを計画的に育てる。
外部折衝	学校の各種の教育活動が効果的・効率的に進むよう、地域住民や関係機関に理解を求め、協働ネットワークを築くことのできる**調整力**。	・自校の課題解決のため、教育委員会や関係機関・地域と連携しして取り組む。 ・保護者や地域住民対して、学校の教育目標や経営の方針、成果や課題等を便りや保護者会等で知らせる。 ・入学する園や進学する中学と定期的に情報交換の場を設定し連携を深める。 ・地域の人的・物的資源の活用による教育活動のための協力体制をつくる。

3 副校長・教頭の職務と求められる資質・能力

(1) 副校長・教頭の職務と法規定

副校長・教頭には、次のような職務が求めている

〈学校教育法第37条第5項〉
・副校長は、校長を助け、命を受けて校務をつかさどる。
〈学校教育法第37条第6項〉・副校長は、校長に事故があるときはその職務を代理し、校長が欠けたときはその職務を行う。この場合において、副校長が二人以上あるときは、あらかじめ校長が定めた順序で、その職務を代理し、又は行う。
〈学校教育法第37条第7項〉
・教頭は、校長(副校長を置く小学校にあっては、校長及び副校長)を助け、校務を

整理し，及び必要に応じ児童の教育をつかさどる。
〈学校教育法第37条第8項〉
・教頭は，校長（副校長を置く小学校にあっては，校長及び副校長）に事故があるときはその職務を代理し，校長（副校長を置く小学校にあっては，校長及び副校長）が欠けたときは校長の職務を行う。……教頭が2人以上あるときは，あらかじめ校長が定めた順序で，校長の職務を代理し，又は行う。
（＊同法第49条により，第37条の規定は，中学校にも準用される。）

整理すると副校長と教頭の職務は，図5-3のようになる。

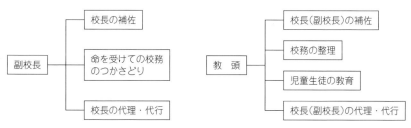

図5-3　副校長と教頭の職務

（2）副校長の職務

図5-3のように，副校長には，教頭と同じように，上司の補佐機能と代理・代行機能がある。しかし，教頭が校務を整理する機能にとどまるのに対して，副校長には「命を受けて校務をつかさどる」機能がある。

① 校長を助ける

「校長を助ける」とは，校長を補佐することであり，校長の職務は，「校務をつかさどり，所属職員を監督する」ことであるから，副校長・教頭の職務は，学校の業務全般の処理はもちろん，所属職員の監督にも及ぶことになる。

「校長を助ける」ことには，校長に協力して危機を乗り越えたり，校長の職務がよりよく遂行されるようにすることである。つまり，「助言」「進言」「助力」することである。そのためには，学校全体の動き，教職員の状態，各分掌の進捗状況に目を配り，校長の意を体して重点目標や経営の重点等が各教職員

に十分理解され実践されるよう，働きかけることが求められる。また，学校全体の様子や教職員の活動状況を的確に把握し校長に報告したり，新たな情報等を届け，校長が適切な判断が下せるようにすることも大切な職務である。

　特に副校長には，学校経営要綱に示された内容の実現に向け，主体的・積極的にかかわることが求められる。

② 校務をつかさどる

　校長がつかさどる「校務」は，「運営管理」「物的管理」「人的管理」に整理できる。また，「つかさどる」には，公の機関やその職員が，職務として一定の事務を担当することで，管理の意味も含められている。そのため，校長を補佐する立場の副校長は，校務の一部を，校長の命を受け，管理することになる。

　これまでの学校運営においては，教頭が整理した校務の決済を校長が行っていたが，副校長に命じられた校務については，教頭が整理した校務を副校長が決裁することになる。たとえば次のような事項である。

・教職員の服務管理　　　・一定の学校行事の承認　　・契約の締結
・一定の補助教材の選定　・授業時間割の臨時変更
・一定額以下の予算の執行・事務処理に伴う調査の実施　等

---

③ 校長の職務の代理・代行

　「副校長は，校長に事故があるときはその職務を代理し，校長が欠けたときはその職務を行う。」(学校教育法第37条6項)とあるが，「校長に事故があるとき」とは，校長が遠隔地での業務，または長期の病気その他何らかの事由でその職務を，校長自らが行い得ない場合を言う。個々の具体的な事柄については，都道府県教育委員会の一般的な指示のもとに，市町村教育委員会が判断していくことになる。

　また，「校長が欠けたとき」とは，校長が死亡したり，退職・転任・失職したりなどして後任の校長が発令されず，校長が欠員になった場合をいう。

　「校長の職務を行う」とは，副校長の名において校長の職務を行うことである。

（3）教頭の職務

① 校長・副校長をたすける

副校長の職務の項で述べたことと同様の職務が教頭にも求められる。

また，副校長を助ける上でも，副校長に決裁が委ねられている事項についても，主体的・積極的に情報提供や進言・助力を行うことが大切である。

校長・副校長を助けるうえで留意する主な内容は次のとおりである。

> ・校長の学校経営のための意思決定に必要な情報の，正確かつ迅速な把握と，校長・副校長への報告。
> ・校長の意図理解への教職員の促しと，それによる学校経営の円滑化
> ・学校運営上の問題点，疎外事項等の的確な把握と解消への努力。
> ・校内のすべての状況や保護者・地域の要望等の的確な把握と，現状及び将来を展望した企画・立案・実践。

② 校務を整理する

「校務」とは，学校運営上必要なすべての事務を指している。つまり，学校教育の管理，児童・生徒の管理，学校保健・安全の管理，学校施設・設備の管理，学校事務の管理，教職員の管理等であり，教頭は学校運営上必要なすべての事務を補佐することになる。主な内容は，表5-2を参照。

教頭としての校務への関与の仕方としては，「教頭自身が直接関与する内容」「教務主任，事務職員等と連携して関与する内容」「他に任せ，助言する程度の内容」に分けられる。

したがって教頭は，関与の仕方を使い分けながら，すべての部門の調整を図り，校務が円滑に遂行されるように努めることが大切である。

③ 必要に応じて児童生徒の教育をつかさどる

教諭の休暇や研修等で欠けた学級の授業に対処するため，教頭が自ら教育を行うことである。子どもの実態等を直接把握する機会ともなるので貴重である。

④ 校長の職務の代理・代行

内容は,「(1)副校長・教頭の職務と法規定」(78頁),「(2)副校長の職務」の中の「(3)校長の職務の代理・代行」(80頁) を参照

(4) 副校長・教頭に求められる資質・能力
(1) 組織・運営力

　学校は,組織体としての力を発揮し,保護者や地域の期待と信頼に応えることが求められている。

　そのためには,副校長・教頭は,重点目標や経営方針を咀嚼し全教職員に浸透させるとともに,諸活動を随時把握し,教職員が共通の目標に向って協働的に努力するよう,全体をまとめ動かす力(組織・運営力)が必要となる。

(2) 調整力

　副校長・教頭は校務をつかさどる中で,校長が適切な判断ができるよう情報を収集・整理して提供したり,それを基にした意見の具申をしたりすることになる。その際,校長の方針と各主任等からの要望や全体的な状況(施設・設備,予算・人的条件等)を検討し,調整しながら進める必要がある。

　このように,副校長・教頭には,状況に応じた教育活動へと調整する力(調整力)が必要である。このことは,組織としての活動を活性化することにもなる。

(3) 企画力・指導力

　副校長・教頭には,「校長の学校経営方針に沿う指導計画の作成を,どんな手順で進めるか」「各主任等が立てた諸計画が,時期・時数の配分や展開,安全面・予算面から適切か」「相互の関連は適切か」等,限られた期間に,主任等の提案を指導しながら,学校としての一貫性のある諸計画を作り上げる力(企画力・指導力)が必要である。特に,教育課程の編成においては,1年間の教育活動を明確にすることになるで,力量の発揮が求めらる。

(4) 人材育成力

　学校教育目標の達成に向け，充実した教育活動が展開されるためには，教職員一人ひとりの教育者としての資質・能力の向上が欠かせない。

　そのためには，副校長・教頭は，教職員のよき相談相手・よき指導助言者になることが大切である。その際，教職員の特性を見極め，教職経験年数に沿った的確な指導や先輩としての温かい対応（人材育成力）が必要となる。

(5) 自己研鑽力

　副校長・教頭は，職務に追われ，自分自身の職能の向上のための時間が取りにくい。しかし，目前の仕事の処理だけでは，自身の校務運営力を高めることは難しい。教育活動全体を組織的・計画的・効率的に展開するためには，副校長・教頭自身の積極的な自己研鑽が大切である。このことがあって初めて教職員への明確な指示，指導・助言，計画的な人材の育成が可能になる。

4　主幹教諭・指導教諭の職務と求められる役割

　主幹教諭・指導教諭は，多くの教育課題に直面している学校教育の改善を図るため，組織運営体制の確立，指導体制の充実をめざして，副校長とともに，2007（平成19）年の学校教育法の改正によって新設された「職」である。

(1) 主幹教諭の職務と求められる資質・能力

〈学校教育法第37条第9項〉
　主幹教諭は，校長（副校長を置く小学校にあっては，校長及び副校長）及び教頭を助け，命を受けて校務の一部を整理し，並びに児童の教育をつかさどる。
　　　　　　　　（＊同法第49条により，第37条の規定は，中学校に準用される。）
〈文部科学事務次官通知　平成20年1月23日　19文科初第1074〉
　「学校教育法上の主幹教諭の職務は，命を受けて担当する校務について一定の責任を持ってとりまとめ，整理し，他の教諭等に対して指示することができるものであること。

主幹教諭の職務は，校長・副校長および教頭を助け，学校運営に参画し，児童・生徒の教育をつかさどるとともに，命を受けて担当する校務（教務，生徒指導，進路指導等）について，一定の責任と権限をもってとりまとめ，他の教諭等に指示することである。

　主幹教諭と指導教諭の職務を比較すると，次のようになる。

〈主幹教諭の職務〉
○ 管理職の補佐
○ 指　示
● 担当校務の整理
● 指導・助言
● 教諭の職務（教育）

〈指導教諭の職務〉
● 担当校務の整理
● 指導・助言
● 児童・生徒の教育

　具体的には，次のような職務がこれまでの主任の職務に付加されている。

① 学校経営への参画

　これまで，主任は校長の命を受けて指導・助言を行い，校務の連絡・調整をしていて，校務運営の過程に参画していたといえる。しかし，主幹教諭であれば，校務運営を超えて学校経営に積極的に参画していくことが求められる。

　つまり，管理職への提言や教職員への的確な指示といった働きである。

② 担当校務の整理

　担当する校務については，権限の一部が主幹教諭に委ねられている。そのため，教頭でしかできなかった校務の整理を，主幹教諭の責任において処理できるようになっている。たとえば，教務担当の主幹教諭が，校長・教頭の指示を受け学級担任へ指導計画の訂正の指示を出したりすることである。

③ 所属職員への指示

　主任の役目は，これまで関係職員間や関係部署との調整や校務の進行管理でしかなかった。しかし，主幹教諭には，担当している校務の範囲で，所属職員への指示ができるようになっている。このことは，主幹教諭は指導・助言をしなくてもよいというのではなく，これまでの指導・助言の機能を働かせやすく

なったと捉えるべきである。

以上述べてきたこと（①〜③）から，主幹教諭には，管理職の命を教職員に伝えるだけでなく，教職員の考えや意欲を引き出し管理職に伝えることによって縦の調整機能を働かせ，学校組織を活性化する役割（職務）が追加され，指導力や調整力が求められていることがわかる。

（2）指導教諭の職務と求められる役割

〈学校教育法第37条第10項〉
　指導教諭は，児童の教育をつかさどり，並びに教諭その他の職員に対して，教育指導の改善及び充実のために必要な指導及び助言を行う。
　　　　　　　　　　（＊同法第49条により，第37条の規定は，中学校に準用される。）
〈文部科学事務次官通知　平成20年1月23日　19文科初第1074〉
　「学校教育法上の指導教諭」の職務は，学校の教員として自らの授業を受け持ち，所属する学校の児童生徒の実態を踏まえ，他の教員に対して教育指導に関する指導，助言を行うものであること。

〈指導教諭の職務〉
○ 指導・助言
● 担当校務の整理
● 児童生徒の教育

〈教諭の職務〉
● 担当校務の整理
● 児童生徒の教育

指導教諭には，「児童生徒の教育」と「指導・助言」という2つの職務が明記されている。「指導・助言」は，改善・充実のために指導・助言を行うのである。注目すべきことは，指導・助言の対象が教諭やその他の職員とされていることであり，一人ひとりの教諭やその他の職員に積極的に働きかけ，学校全体の教育力を高める必要がある。このため，指導教諭の使命からすると，主幹教諭と同じように所属する学校の経営に参加していることになる。

以上から，指導教諭には，自らの授業に加え，新たに，所属する学校の児童生徒の実態を踏まえ，他の教員に対して一定の責任と権限をもって教育指導の改善・充実のための指導・助言を行う役割（職務）が追加され，他の教員を指

導する力が求められていることがわかる。

5 主任等の職務と求められる資質・能力

(1) 校務の分担

学校の教職員は，当該校で処理しなければならないすべての校務を分担すべき立場にあり，個々の教職員がいかなる校務を分担するかは，要望等の調査も踏まえるが，最終的には校長の職務上の職務命令によって定まることになる。

校務とは，学校運営上必要な一切の業務をいい，次のような分類が考えられる。
・学校の教育活動の管理に関する事務
・学校の施設・設備等の管理に関する事務
・教職員の人事管理に関する事務

また，校務は，個々の法令によって定められていたり，教育委員会よりの内部委任とされていたり，教育委員会から特に具体的に命ぜられていたりしているので，校長が処理しなければならない職務と位置付けられている。そのため，校長は，職務命令によって個々の教職員に分掌することになる（学校教育法施行規則第43条）。

表5-4は，学校を組織する構成員の職種と分掌名の設置の条件である。

学校の教育活動が，校務分掌によって役割が分担され，各担当者を中心に効果的に展開されるためには，主任等の役割が大切である。ここでは，小・中学校における主任等の種類，職務内容，役割を整理し紹介する。

(2) 主任等の種類と職務

① 小・中学校における主任等の種類

表5-5で示した主任のほかに，必要に応じて校務を分担する主任等を置くことができる（学校教育法施行規則第47条）。

このことを受け，学校によっては，教育活動をより効果的に運営するため，研究主任や体育主任等を置いているところがある。

第5章　管理職・主任の役割

表5-4　学校を組織する構成員

職　種	設置の形式			凡　例
	小学校	中学校	高等学校	
校　長	◎	◎	◎	◎　必置
副校長＊	○	○	○	●　特別に事情がある場合置かないことができる
教　頭	●▲	●▲	◎▲	◆　当分の間置かないことができる ○　置くことができる
主幹教諭＊	○	○	○	◇　原則として，12学級以上の学校には必置
指導教諭＊	○	○	○	▲　副校長を置くとき置かないことができる
教　諭	◎	◎	◎	■　養護をつかさどる主任教諭をおくとき置かないことができる
司書教諭	◇	◇	◇	
養護教諭	◆■	◆■	○	
栄養教諭	○	○		
事務職員	●	●	◎	

＊は2007（平成19）年の学校教育法の改正によって制度化された新しい「職」である。

表5-5　小中学校における主任等

職　種	設置の形式			凡　例
	小学校	中学校	高等学校	
教務主任	●	●	●	◎　必置
学年主任	●	●	●	●　特別に事情がある場合置かないことができる
保健主事	●	●	●	○　置くことができる
生徒指導主事		●	●	
進路指導主事		◎	◎	
事務主任	○	○		
事務長			◎	
その他の主任	○	○	○	

＊「置くことができる」：学校の設置者に委ねられることになる。ただし，公立の小中学校の場合は，県費負担の教職員とされていることから，その配置は，都道府県教育委員会の意志に委ねられることになる。

表5-6　主任等の種類

〈小学校〉

主任名	職務内容
教務主任	校長の監督を受け、教育計画の立案その他の教務に関する事項について連絡調整及び指導、助言に当たる。
学年主任	校長の監督を受け、当該学年の教育活動に関する事項について連絡調整及び指導、助言に当たる。
保健主事	校長の監督を受け、小学校における保健に関する事項の管理に当たる。
事務主任	校長の監督を受け、事務をつかさどる。

（学校教育法施行規則第44条第4項および5項，第45条第4項，第46条第4項）

〈中学校〉

主任名	職務内容
教務主任 学年主任 保健主事 事務主任	小学校の規程を準用する。
生徒指導主事	校長の監督を受け、生徒指導に関する事項をつかさどり、当該事項について連絡調整及び指導、助言に当たる。
進路指導主事	校長の監督を受け、生徒の職業選択の指導その他の指導に関する事項をつかさどり、当該事項について連絡調整及び指導、助言に当たる。

（学校教育法施行規則第70条第3項および4項，第71条第3項）

② 小・中学校における主任等の職務内容

(1)「連絡調整」

主任等が行う連絡調整には，次のような2つの役割がある。

〈校長の意思を伝達する役割〉

・担当する職務に対する校長の方針や副校長・教頭の意図を職員会議で提案したり職務を，遂行する過程で教職員に伝えたりする役割。

〈教職員相互の連携を進める役割〉

・担当する職務を、校長の指導の下、主任を中心にした関係職員で協議・立案・提案し、役割分担を明確にしながら実施・評価・改善する役割。

(2)「指導・助言」

指導とは，取り組むべき内容や活動等のもつ意味をわかりやすく説明したり，

取るべき手段の例を具体的に示したりして,目標に達するにはどう進むべきかを示し,よりよい考えや行動へと導くことである。

　助言とは,考えや行動の仕方等で迷ったり困ったりしている相手に対し,脇から言葉を発して助けることである。

(3) 主任等の職務内容と具体的な役割例

表5-7　主任等の職務内容と役割例

職・分掌	職務内容	業務例
教務主任	校長の監督を受けての,教務に関する事項の連絡調整,指導・助言	・教育計画の立案(地域の人的・物的資源の活用) ・教育課程の編成及び実施・評価・管理 ・時間割の作成と運用 ・補欠授業の計画 ・教務に関する諸帳簿(指導要録等)の整理と管理 ・教務関係の調査統計資料の作成及び保管 ・児童の実態の把握 ・若年教師の育成 ・校内研修担当者や学年主任への指導・助言 ・学習指導や生徒指導に関する連絡調整及び指導・助言
学年主任	校長の監督を受けての当該学年の教育活動に関する事項の連絡調整・指導・助言	・学年経営と学年間の連絡調整 ・学年経営安の作成 ・学級担任への指導・助言 ・諸係との連携及び連絡調整 ・生徒指導 ・学年行事の立案と実施 ・若年教師の育成 ・学年だよりの立案 ・保護者との連携及び連絡調整(渉外)
保健主事	校長の監督を受けての小学校における保健に関する事項の管理	・学校保健安全計画の立案及び実施 ・学校保健委員会の組織づくりと運営 ・保健室経営案の作成 ・安全点検計画の作成 ・給食指導の全体計画の立案及び実施 ・児童の保健委員会組織運営の指導 ・校医,歯科医,薬剤師との連絡調整 ・健康相談・PTA,関係団体との連絡調整
校内研修担当者	校長の監督を受けての研究・研修に関する事項の連絡調整・指導・助言	・研究主題の設定と研究構想の立案 ・研究推進計画の立案と実施 ・諸調査の立案,実施 ・研究に関する指導・助言 ・研究集録の作成計画 ・先進校視察の計画

（3）主任等に求められる資質・能力

各主任等に求められる職務に共通する内容を整理すると，次の4点である。
　① 分担された校務に対する企画・計画立案
　② 分担された校務に対する実施・運営・評価・改善
　③ 校長・教頭（副校長）・教職員間・分掌間の連絡調整
　④ 関係職員に対する指導・助言

以上のような職務を担う各主任に求められる資質・能力は，P-D-S（C-A）のサイクルに沿って次のようにまとめられる。

「企画能力」「実践的指導力」「調整能力」「評価能力」

ただ，近年，冒頭で述べたように学校現場ではさまざまな課題が発生し，個々の資質・能力のみではなく，学校としての「組織力」つまり，個々の能力を最大限に生かした確かな企画，実施に当たっての明確な役割分担による協力体制の確立，前年度の成果と課題のきめ細かな受け継ぎ等による，学校の総力を挙げての教育活動の展開が求められている。

このような現状からすると，各主任等には，さらに次のような資質・能力が必要だと考える。

① 組織としての活動であるとの意識で職務に当たる。
　学校での教育活動は組織的な活動である。ただ，この意識で職務にかかわると，協力的な職員とそうでない職員等が見えてくる。このことから全体で協力し合っての成果であるか否かを問い直すことが大切となる。すると，そこから個別に指導・助言する項目，事前確認に必要な事項や人材育成のポイントも見えてくる。

② 改善点等について情報交換しながら職務に当たる。
　同じ職務を担当するメンバーとよく話し合うことである。急を要する場合もあるので，機会を捉えて随時情報の交換をしようとする意識をもち職務にあた

ることが求められる。そのためには，常日頃，問題点は何かを気に留めたり気安く情報交換ができる人間関係をつくっておくことが大切である。

　また，話し合いの場が設定できた折は，成果が出るよう段取ることである。

③　教育目標の実現を念頭に職務に当たる。

　学校で示された教育目標と結び付け，担当した教育活動の在り方についての意見交換の場を設け，共通理解を図りながら，連絡調整，指導・助言に当たることになるが，つい，例年どおりに実施してしまい，前年度の成果や課題がおろそかにされている場合がある。これでは，学校教育目標の実現に向けた意図的・計画的・組織的な教育活動の展開とは言い難い。要するに，主任は分担した校務の代表者であるので，常に学校教育目標の実現をめざした教育活動であることを自覚し，前年度の成果は次年度も確実に受け継ぎ，残されている課題については，解決策を練り，次年度の実践に取り組むよう職員に働きかけ，教育活動の改善・充実に努めるべきである。

　このことは，自ずからPDS（CA）の充実を生み出し学校総力としての成果を生み出すことになる。

参考文献

北俊夫・亀井浩明編著（2009）『学校経営のポイント50』学事出版．

教育法令研究会編著（2010）『教育法令』学陽書房．

牧昌見（2013）『学校経営の基礎・基本』教育開発研究所．

広岡義之編（2013）『教育用語・法規』ミネルヴァ書房．

広岡義之編著（2014）『新しい教育課程論』ミネルヴァ書房．

教職問題研究会編（2014）『教職論　第2版——教員を志すすべてのひとへ』ミネルヴァ書房．

ぎょうせい編（2016）『新教育課程ライブラリ vol. 1 新教育課程型授業を考える』ぎょうせい．

新教育課程実践研究会編（2017）『中教審「学習指導要領」答申のポイント』教育開発研究所．

文部科学省（2017）『初等教育資料　4月号　幼稚園教育要領・小学校学習指導要領』東洋館出版．

（堤　直樹）

第6章

教師の仕事

　本章では教師と呼ばれる人たちのうち，制度的に位置づけられた教員の職責と仕事の内容についてみていく。そのなかで教員の身分と種類を関連する法規を抜粋しながら解説し，今日の教員の年齢，男女比率等の構成とその問題点も指摘する。その上で教員の仕事を，教科指導，教科外活動の指導，進路指導，教育相談という指導面ならびに学級経営，学校運営という経営面からながめる。そして最後に教員と保護者，地域との連携について取り上げ，「教師」と「教員」の異同について浮き彫りにする。

1　学校制度と教員

(1) 教える人を指す言葉

　教える人間を指す言葉として「先生」「教師」「教員」（教育職員）という呼称が用いられる。「先生」は尊称であり，学校のみならず医師，弁護士，国会議員等に対しても用いられる。「教師」と「教員」は，通常ほとんど区別されることなく使用されているが，厳密には「教師」が，教育という営為に着目した言葉であるのに対して，「教員」は，教育を職業とする専門職の総称である。このような区別を踏まえるならば，「教員」は近代における学校教育制度とそれに伴う教員養成制度によって登場した人々であるといえる。

　「教師」についていえば，教育という営みのあるところには必ず「教師」は存在し，その起源は，紀元前の時代，否，人間が発生した時点と一致するといっても過言ではないだろう。教育の歴史で，古代ギリシアにおける教師として紹介されるソクラテス（Socrates, B.C.469-B.C.399）もいわゆる教員でもなければ，

職業的な教師でもない（それに対し，彼の同時代人であったプロタゴラス（Protagoras, B.C.490 - B.C.420)，ゴルギアス（Gorgias, B.C.487- B.C.376）らソフィストと呼ばれる一団は授業料をとって（しかも法外な値段の！）教えた最初の教師として知られる）。村井は「教師ソクラテスの人格」の特徴として合理主義，神秘主義，および愛（エロス）を挙げ，次のような解説を加えている。すなわち「……一見ほとんど無関係な，むしろそれぞれ相反するかに思われるこの三つの特徴が，なんの矛盾もなく

▶ソクラテス

ひとりの人間のなかに結合していたという点にソクラテスの教師的人格のすばらしさが見られるといってよいであろう。…（中略）…合理主義，神秘主義，エロスは，もっと常識的な表現をもちいて，理性，信念，愛と呼んでもよいかもしれない。すべての時代のすべてのすぐれた教師はかならずこの三つの要素をかねそなえているものである」（村井 1972：91-92）と。村井の指摘するように，教師の要件としては，教授のための知識の吟味が使命感によって支えられ，さらにこれら二つが教育の営みへと転化される（教育）愛が必要とされる。こうした要素をもつ人間は，職種にかかわらず「教師」と呼ばれる。

（2）近代学校制度と教員

　世界各国で近代学校制度（いわゆる「公教育」）が整備されるのが19世紀後半である。日本においては1872（明治5）年の「学制」布告によって公教育制度のプログラムが示された。それによると全国を8つの大学区に分け，そして大学区を32の中区に分け，さらに中学区を210の小区に分けた上で，体系的に学校を配置するという構想であった。布告当初は，明治政府の準備不足もあって翌年1873（明治6）年の初等教育における就学率は28％と低迷したが，1879（明治12）年の「教育令」以降，国民皆学がめざされ，明治時代末までにはその目標はほぼ達成されるところとなった。

　学校配置構想に付随し，「学制」では「教員」に関して次のように規定していた。それによると「小学校教員ハ男女ヲ論セス年齢二十歳以上ニシテ師範学

校卒業免状或ハ中学免状ヲ得シモノニ非サレハ其任ニ当ル事ヲ許サス」(第40章),「中学校教員ハ年齢二十五歳以上ニシテ大学免状ヲ得シモノニ非サレハ其任ニ当ル事ヲ許サス」(第41章)という具合に教員の資格要件が示されていた。

また1886(明治19)年には「師範学校令」が出され,教員養成の制度化が図られた。これにより,近代学校設立とともに需要が高まった学校において教育を業とする「教員」の安定的供給にかかわる法的制度的基礎が確立されるとともに,当時の日本における教師像に則った教員養成が制度的に整備された。ちなみにここに言う「教師像」とは,師範学校令第1条の中で掲げられる「順良,信愛,威重」の三気質を備えた,いわゆる「師範タイプ」と呼ばれる教師像である。こうした教師像は戦後になって批判的にとらえられるようになる。

2 教員の身分と種類

(1) 教育公務員としての教員

近年,教員にかかわる制度は激変の過程にあるといってよいが,その根幹となる規定については,日本国憲法を背景として戦後から今日に至るまで変化は認められない。教員制度を含めた教育に関係した日本国憲法内の規定としてはたとえば次のものが挙げられる。

第20条第3項
　国及びその機関は,宗教教育その他いかなる宗教的活動もしてはならない。

第26条
　すべて国民は,法律の定めるところにより,その能力に応じて,ひとしく教育を受ける権利を有する。
　2 すべて国民は,法律の定めることにより,その保護する子女に普通教育を受けさせる義務を負ふ。義務教育は,これを無償とする。

第89条
　公金その他の公の財産は,宗教上の組織若しくは団体の使用,便益若しくは維持のため,又は公の支配に属しない慈善,教育若しくは博愛の事業

に対し，これを支出し，又はその利用に供してはならない。

　これらの規定は直接的に教育制度にかかわるものではないが，こうした規定を原理原則として教育を行うことが教員に求められる。

　教員の身分については，公立学校教員の場合は，日本国憲法第15条第2項に関係してくる。すなわち「すべて公務員は，全体の奉仕者であって，一部の奉仕者ではない」という規定であり，この規定は地方公務員法や教育公務員特例法などの法的根拠になるものである。地方公務員，教育公務員としての教員の服務に関する原理原則になっている。以下，教員の服務に関して，地方公務員法に定められた規定を挙げる。

　　第30条（服務の根本基準）
　　　すべて職員は，全体の奉仕者として公共の利益のために勤務し，且つ，職務の遂行に当たっては，全力を挙げてこれに専念しなければならない。
　　第31条（服務の宣誓）
　　　職員は，条例の定めるところにより，服務の宣誓をしなければならない。
　　第32条（法令等及び上司の職務上の命令に従う義務）
　　　職員は，その職務を遂行するに当たって，法令，条例，地方公共団体の規則及び地方公共団体の機関の定める規程に従い，且つ，上司の職務上の命令に忠実に従わなければならない。
　　第33条（信用失墜行為の禁止）
　　　職員は，その職の信用を傷つけ，又は職員の職全体の不名誉となるような行為をしてはならない。
　　第34条（秘密を守る義務）
　　　職員は，職務上知り得た秘密を漏らしてはならない。その職を退いた後も，また，同様とする。
　　第35条（職務に専念する義務）
　　　職員は，法律又は条令に特別の定がある場合を除く外，その勤務時間及び職務上の注意力のすべてをその職責遂行のために用い，当該地方公共団体がなすべき責を有する職務にのみ従事しなければならない。

第37条（争議行為等の禁止）
　職員は，地方公共団体の機関が代表する使用者としての住民に対して同盟罷業，怠業その他の争議行為をし，又は地方公共団体の機関の活動能率を低下させる怠業的行為をしてはならない。又，何人も，このような違法な行為を企て，又はその遂行を共謀し，そそのかし，若しくはあおってはならない。（後略）

　こうした規定は，地方公務員全般についてのものであるが，これら全般的な職務規定のほか，教育基本法第9条において「法律に定める学校の教員は，自己の崇高な使命を深く自覚し，絶えず研究と修養に励み，その職責の遂行に努めなければならない。」とされ，その使命と職責の重要性から身分が保障されている。また公立学校教員に対しては「教育公務員特例法」に，研修を通して絶えず研究と修養に励むこと等，地方公務員一般とは区別される規定がある。

（2）教員数，年齢および性別構成

　文部科学省統計『学校基本調査報告書』（平成26年公表）によると，我が国の幼稚園・初等・中等学校の教員数は，109万8,384人（幼稚園1万1,059人，小学校41万6,475人，中学校25万3,832人，高等学校23万5,306人，中等教育学校2,432人，特別支援学校7万9,280人。ただし，この数字には非正規雇用教員は除外されている）である。

　2013（平成25）年度「学校教員統計調査」によると，非常勤などを除く本務教員の平均年齢は，公立小学校44.0歳（前回調査44.4歳），公立中学校44.1歳（同44.2歳），公立高校45.8歳（同45.8歳），私立高校44.1歳（同44.4歳）という数字であった（図6-1）。すべての学校段階で平均年齢が低下していると指摘されている。年齢構成でみると，大量採用された50代のベテラン層，その影響で極端に数が少ない40代と30代後半の中堅層，再び増えている30代前半から20代の若手層という「ひょうたん型」になっていると言われる。とりわけ公立中学校，小学校においてこの傾向は顕著である。こうした傾向が意味することは，ベテラン層，若手層の数が多く，ベテランと若手を橋渡しする中間層が薄

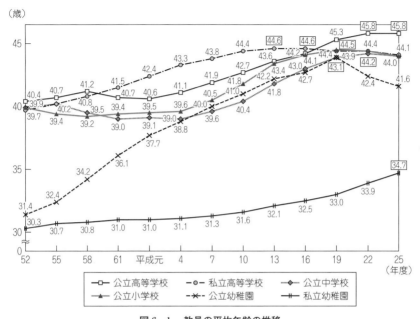

図 6-1　教員の平均年齢の推移

（出典）　2013（平成25）年度「学校教員統計調査」より．

いということである。世間の人口動態を反映して，教員という職業集団内でも高齢化が進んでいる。中間層が薄いことから，年配のベテラン教員たちの知識，技術が後進に伝わりにくくなっている。若手層からすればすぐ上のモデルの不在という状況でもある。

　同調査によると，教員の性別構成に関して女性の占める割合は，全体で39.0％（幼稚園92.6％，小学校61.8％，中学校41.7％，高等学校30.0％，中等教育学校32.1％，特別支援学校59.9％）という数字であった。他の学校種と比べると，（幼稚園はともかく）小学校でも女性の割合が高いが過去10年の推移に変化はない。OECD加盟国との比較では，女性教員の割合の平均値68.1％を大きく下回り，女性校長の割合も6.0％で，加盟国中で最も低かった（女性教員割合が3分の2を超える国が22か国あり，日本は加盟国中唯一女性の割合が半分を下回っていた）。

　また管理職である校長や教頭への女性登用率は，文部科学省「公立学校にお

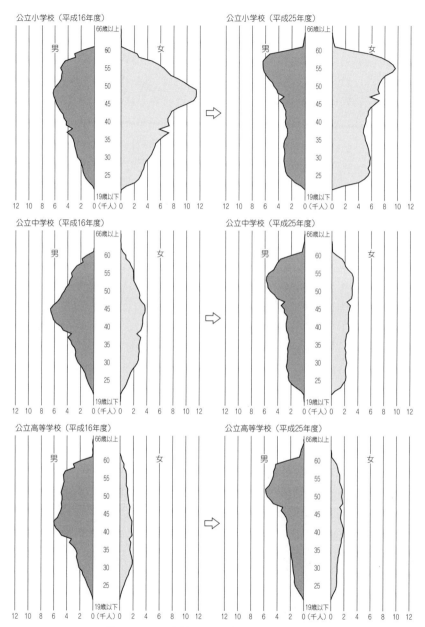

図6-2 公立学校における本務教員の年齢構成

(出典) 2013(平成25)年度「学校教員統計調査」より.

ける長等の登用状況等について」(平成23年)によれば,公立学校(小学校,中学校,高等学校,中等教育学校,特別支援学校)で校長,副校長,教頭の三職に女性の占める割合が14.8%(主幹教諭,指導教諭まで含めると18.6%)という数字であった。この数字をみても管理職に占める女性の割合は圧倒的に低いと言える。

(3) 教員の種類

　教員の種類については「教育職員免許法」に規定されている。それによると「教育職員」とは学校教育法第1条で定める学校のうち幼稚園,小学校,中学校,義務教育学校,高等学校,中等教育学校および特別支援学校,第2条第7項で定める幼保連携型認定こども園の主幹教諭,指導教諭,教諭,助教諭,養護教諭,養護助教諭,栄養教諭および講師を指す。

　教員に含まれる職位として教頭がある(原則として全校種において必置とされるが,高等学校および中等教育学校以外の校種においては,小規模学校等の特別の事情のある場合には教頭を置かないことができる)。教頭の職務は,校長(園長)を助け,校務(園務)を整理し,必要に応じて児童の教育(幼児の保育)をつかさどることである。また,校長(園長)に事故があるときはその職務を代理し,校長(園長)が欠けたときはその職務を行う。

　2007(平成19)年の学校教育法改正により,校長(園長)と教頭の間に位置する新しい職位として「副校長(副園長)」を設置できるようになった。副校長(副園長)の職務は,校長(園長)を助け,命を受けて校務(園務)をつかさどることであるが,教頭の職務と比べて経営上の権限が大幅に与えられていることに特徴をもつ。

　主幹教諭は2008(平成20)年の学校教育法等の一部を改正によって制度的に位置づけられた教員である。主として校長・園長および副校長・副園長および教頭を助け,命を受けて校務・園務の一部を整理し,並びに児童・生徒の教育または幼児の保育をつかさどることが任務とされる。

　指導教諭は主幹教諭と同じく学校教育法の一部改正によって制度的に位置づけられた教員で,児童・生徒の教育または幼児の保育をつかさどり,並びに教

諭その他の職員に対して，教育指導の改善および充実，または，保育の改善及び充実のために必要な指導及び助言を行うことを任務とする。

　教諭は，学校教育法において，幼稚園の教諭は，幼児の保育をつかさどること（学校教育法第81条第6項），小学校の教諭は，児童の教育をつかさどること（学校教育法第28条第6項）が，それぞれの職務として規定されている。中学校の教諭，高等学校の教諭，中等教育学校の教諭の職務については，小学校の教諭に関する規定が準用され「生徒の教育をつかさどる」とされている（学校教育法第40条・第51条・第51条の9第1項）。また，特別支援学校の教諭は，幼稚部・小学部・中学部・高等部において，幼稚園・小学校・中学校・高等学校と同様な職務を遂行する（学校教育法第76条）とともに，各部の連携に必要とされる職務にもあたることになっている。教諭は学校組織を構成する代表的，中心的な存在である。

　教諭と助教諭の違いについては，前者が教員免許状を有し各都道府県および政令指定都市の教員採用試験に合格して採用されているのに対して，後者は教員免許状の一種である臨時免許状によって採用されているか臨時採用の形で有期雇用されている点にある。「助教諭」という語義から，教諭の補助を任務とする。「助教諭」という言葉に代わって，今日では「講師」という言葉が使われる。

養護教諭は，学校内における児童生徒の怪我・疾病等の応急処置を行ったり，健康診断・健康観察等を通して，在学生の心身の健康を掌る教員である。養護教諭と養護助教諭の違いについても，前者が教員免許状を有して各都道府県および政令指定都市の教員採用試験に合格して採用されているのに対して，後者は臨時免許状による採用かもしくは臨時採用の形で有期雇用された養護に関する教員を指す。元々は養護「助教諭」という言葉の示すように養護教諭の補助を任務としていたが，今日では免許状保有者による臨時採用がほとんどである。

　栄養教諭については，2005（平成17）年4月から配置された教員で，各学校における指導体制の要として食育の推進において重要な役割を担っている。具体的には児童生徒の栄養指導および管理をつかさどることである。栄養教諭普通免許状（専修，1種，2種）を有しての正規採用であるが，これまでのとこ

ろ全ての学校に配置されているわけではない。

　法律上，教員のなかには含まれていないが，学校を代表する最高責任者は校長である。校長は全校種において必置とされる。校長（園長）の職務は，校務をつかさどり，所属教員を監督することにある。資格要件としては，（1）専修または一種教員免許状を有し，教頭，教諭等教育に関する職に5年以上就いていた経験を有するか，あるいは（2）教育に関する職に10年以上就いていた経験を有することである。なお，2000（平成12）年の学校教育法施行規則改正によって，学校運営上の必要性があり上記の資格と同等の資格を有すると認められる場合，教員免許状を有しない者でも，国公私立学校における校長として任用することができるようになった。

3　教員の仕事

　教員の仕事は，教科の教授にかかわる学習指導にはじまり，道徳（特別の教科　道徳），特別活動の指導，学級経営，学校生活全体を通じて行われる児童・生徒指導等広範囲に及ぶ。教員（教師）はしばしば「五者であれ」（学者，医者，易者，役者，芸者）と言われる。「学者」とは，いわゆる教科指導の専門性からみた教師の側面である。自分が教えている教育内容に関して通じていることが教員には求められる。二番目の「医者」は，児童生徒の顔色を見てその心身の健康状態を把握できるという児童生徒理解の専門性からみた側面であり，三番目の「易者」は，児童生徒の個性を把握し，将来の適性を見抜く進路指導の専門性からみた側面である。続く四番目の「役者」は，児童生徒を引きつけ魅力ある授業を展開する表現者としての専門性であり，一番目の「学者」と対応している。最後の「芸者」は，「一芸は百芸に通ず」という言葉もあるように，芸事を身に付けた者は，一芸を身に付けることによって，芸事を身に付けることの厳しさ素晴らしさを知る。教員も児童生徒に芸事の厳しさ素晴らしさを伝えられる芸達者でなければならない。どの側面も言い得て妙である。こうした五者としての側面に関連し，ここでは学習指導，生徒指導，進路指導・教育相談の項目を取り上げ見ていくことにしたい。

（1）学習指導

　今日の教員の基本的な仕事は，教職者としての専門的な知識と技術を用いながら文化（遺産）を教材として子どもたちへと伝えることである。文化（遺産）は各教科に分類され，整理されて子どもたちに伝えられる。各教科については「学校教育法施行規則」に示されている。小学校においては国語，社会，算数，理科，生活，音楽，図画工作，家庭，体育（第50条），中学校においては，国語，社会，数学，理科，音楽，美術，保健体育，技術・家庭，外国語その他特に必要な教科（第72条），高等学校においては，国語，地理歴史，公民，数学，理科，保健体育，芸術，外国語，家庭，情報（以上普通教育に関する教科），農業，工業，商業，水産，家庭，看護，情報，福祉，理数，体育，音楽，美術，英語（以上専門教育に関する教科），その他特に必要な教科（第83条及び「別表第三」）が設置されている。教員はこれらの教科内容の専門家，教育方法の専門家としての資質を持ち得る必要がある。何を教えるか（内容），どうやって教えるか（方法）にかかわる専門性に加え，さらに子どもたちの身体的精神的発達にかかわる専門知識をもっていなければ，子どもたちに効果的な文化伝達はできない。したがって教育内容・方法に通じたスペシャリストであると同時に児童生徒に対する心身発達の診断家であることが求められる。この両輪が揃わないと，効果的な子どもたちへの文化（遺産）伝達は期待できない。

　授業者としての教員に焦点化して，教育技術の開発に努めてきた向山洋一氏は法則化運動を通して，優れた教育技術を一人の教師の所有とせず教師間で共有することを推奨している。こうした技術は「できない子をできるようにすること」「きちんとしてない子をきちんとさせること」という非常にシンプルな信念によって貫かれている。反面，「駄目な教師」の共通項として，「子どもができない」「子どもがきちんとしない」ことの責任を他人のせいにすることと述べている（向山 1985：124）。

　心身の発達にかかわる児童生徒理解に関しては，社会科の領域で戦後小学校教育に偉大な貢献をされた有田和正は根気づよい子ども研究の必要性を説く。氏は言う。「子どもというのは異文化人という感じである。これはいつの時代でもそうなのだ。つかんだつもりになっているとき，すでに逃げられているの

である。完全につかんだ，というときは殺している，生きた状態ではないといえる。ヒヨコをつかむときと同じである。ヒヨコを完全につかんだときは，にぎりつぶしている。ふわっとつかんだときは，逃げられている。ことほどさように，子どもをつかむことはむずかしい」（有田 2011：58）。一口に「児童生徒理解」といっても，蓋然的理解はともかく，個別理解ともなると，教員の側に長い修業が必要である。

　巨視的にみると，教員の学習指導に関しては，教え方が巧いということだけでなく，目的にかかわる広い視野から自らの教育活動の分析がなされる必要もある。換言すれば，一人の人間の「人格の完成」を促す人間形成者としての自覚が教員には求められる。したがって，教科指導等で展開される教育活動は，子どもたちに単に文化（遺産）を伝達する技術だけでなく，技術の基礎となる哲学を伴わねばならない。つまり教員の学習指導には教育内容に関する専門的知識と教育方法の熟達，児童生徒理解のみならず教員の全人格までもが反映されるといってよい。

（2）教科外活動の指導：道徳教育，特別活動と生徒指導

　学校での教員の教育活動は，上にみた教科指導に限定されない。これにはいわゆる教科外活動の指導も含まれる。教科外活動は，教育課程の領域に限定すれば各教科の指導以外の特別の教科 道徳，特別活動等が含まれる。教科指導が，知識・技術として文化（遺産）の伝達に比重を置くのに対して，教科外活動の指導は児童生徒の在り方生き方への影響を旨としている。

　道徳教育では，特別の教科 道徳を要として学校教育全体を通じて，児童生徒に道徳的判断力，道徳的心情，道徳的実践意欲と態度等の道徳性を育成することが目的とされる。この目的に照らしてみると，教員の言動は特別の教科 道徳の授業内に限らず，学校生活全体において教育力を有するものであり，他方でそれらが子どもたちに良い影響をもたらすよう学校内外において教員は自らの在り方生き方に意識的であらねばならない。

　特別活動では，「望ましい集団活動を通して，心身の調和のとれた発達と個性の伸長を図り，集団〈や社会の〉一員としてよりよい生活や人間関係を築こ

うとする自主的,実践的な態度を育てるとともに,人間としての［在り方］生き方についての自覚を深め,自己を生かす能力を養う」(〈 〉内は中学校,高等学校,［ ］内は高等学校)ことが目標とされる。

　生徒指導は学習指導と両軸を成す概念である。小学校の場合生活指導という言葉が一般的である。学習指導が教育課程の領域を基盤とする領域概念であるのに対して,生徒指導はそれらの領域すべてで働く機能概念である。学級経営においても,学習指導においても,生徒指導が機能しており,それがうまくいっていないと学校生活における教育効果が期待できない。本来「生徒指導」とは,問題ある生徒に対する働きかけや問題に対する対症療法的な働きかけに限定されるものではなく,すべての生徒に自己教育力を身に付けさせるための広範囲かつ積極的な意味をもっている。

(3) 進路指導・教育相談

　進路指導は先に触れた教員の「易者」的側面に関連する。教員は生徒の個性を把握し,適性を見抜くと同時に,生徒が自己の在り方生き方を考えて主体的に進路選択できるように援助しなければならない。あくまでも生徒自身による選択であって,進路指導は教員が生徒の進路を指示し,導く行為ではない。したがって,教員が生徒の個性,適性を把握する生徒理解は,生徒による自己理解の助けとして必要なのである。

　進路指導に限らず,生徒の自己実現に向けた支援として求められるのがカウンセリング・マインドである。教育現場では「教育相談」という言葉が用いられる。一般にカウンセリングは,クライエントの欲求をクライエント自身が理解し,その実現に向けて彼らの成長を支援することに重きを置く。『中学校学習指導要領解説　特別活動編（平成20年）』では,教育相談は「一人一人の生徒の教育上の問題について,本人又はその親などに,その望ましい在り方を助言することである」とされ,その方法として「1対1の相談活動に限定することなく,すべての教師が生徒に接するあらゆる機会をとらえ,あらゆる教育活動の実践の中に生かし,教育相談的な配慮をすることが大切である」と解説されていた。

とりわけ近年その対応が重要視されている不登校やいじめの問題に対しては，こうした教育相談の役割がますます大きくなっている。最近ではスクールカウンセラーやスクールソーシャルワーカーが配置されているが，まずは子どもたちと接することの多い教諭，養護教諭が教育相談の担い手として自らのカウンセリング・マインドを熟達させておく必要がある。

4 学級経営および学校運営

　教員の仕事として，子どもたちに最も強く影響力をもつのが学級担任という立場での働きかけだろう。それぞれの児童生徒の学校生活に長い時間大きくかかわるのが担任である。小学校の場合，特定の教科を除くほとんどの教科は担任による授業である。中学，高校においては教科担任制となるため，日々の学校生活において，学級担任（ホームルーム担任）と共有する時間は小学校ほど長くはないものの，担任は生徒たちと生徒指導，進路指導において深いかかわりをもつといえる。

　担任としての教員の具体的な仕事は，物心両面における学級の条件整備にある。物的条件の整備としては，教室内の机の配置，美化等である。もちろん担任ひとりの力で条件整備ができるわけではないが，児童生徒が学習活動を行ううえで教育効果が上がるよう環境への配慮が必要である。

　物的条件と同時に重要なのが人的条件の整備である。学級を構成する児童生徒はそれぞれ多様な個性をもっている。このような教室空間において，多様の中の統一を実現するのは担任の重要な仕事である。児童生徒たちが物理的に集まっている状態（所属集団）から学級内における自らの役割を認識したうえで主体的に参加している集団（準拠集団）へともっていくことができるかどうかは担任としての力の見せどころでもある。学級が準拠集団になると児童生徒それぞれの間に受容的雰囲気，支持的空気を作り出され学習活動にもプラスの影響がもたらされる。逆に学級の成員それぞれが仲違いをしたり，いさかいの多い集団では担任がいくら良い授業を行ってもそれほどの教育効果は望めない。

　学級経営が学級をフィールドとするのに対して，教員には学級を超えて学校

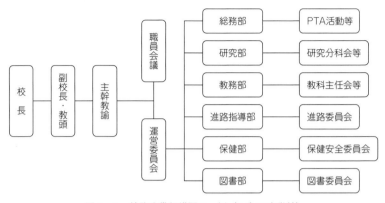
図6-3　校務分掌組織図の一例（A市B中学校）

を単位として管理運営していく仕事もある。学校も一つの組織体であり，校長を責任者としてそれぞれの教員の役割が決まっている。こうした役割は「校務分掌」と呼ばれる。次の図は校務分掌組織の例である。

　これをみると縦の組織としては校長，副校長，教頭，主幹教諭，運営委員会と続く。運営委員会は総務部，研究部，教務部，進路指導部，保健部，図書部等にわかれて校務を分担している。それぞれの部はさらに委員会等を組織して専担する業務を配属された教員はもつことになる。

　各教員は校務分掌の中のいずれかの部署に配置されることになる。一般的に校務分掌への配置は年度始めの職員会議において学校長から発表される。大規模校の場合，担任に就いた教員はその他の校務分掌の任務から外される場合もあるが，小規模校では担任に就いているか否かにかかわらず，同時にいくつも分掌を兼務しなければならない状況もあり，さまざまな分掌の経験をもつことが多い。生徒指導部等，経験を買われて特定の教員が長年務める部署もあるが，理想を言えば，どの教員がどこの部署に配属されても，高いパフォーマンスを示せるのがよい組織である。部署によっては仕事量の軽重はあるが，どの部署の業務が欠けても学校を運営することは難しい。

5 保護者，地域との連携

　子どもたちへの教育は学校のみで為されているわけではない。保護者は教員にとって，子どもの教育という目的を共有した協力者である。今日では「モンスター・ペアレント」の問題等，保護者と教員との対立構図が強調される傾向にあるが，本来的には教員と保護者とは目的を同じくする最良のパートナーであるべきである。

　一般に，担任教員と保護者との連携には学級通信が利用される。各学級担任の学級経営方針，現在の学級の様子等を家庭に伝えるツールである。その他に連絡帳も家庭とのコミュニケーションに用いられる。参観日における学級懇談会は担任と保護者とが意見交換するための貴重な機会である。子どもたちに対する教育効果を維持するためには保護者と良き関係を構築することも必要となる。こうした良き関係は，日々の両者の間のコミュニケーションにかかっているといっても過言ではない。教員とのコミュニケーション如何で，極端な言い方をすれば，保護者は「敵」にもなれば，心強い「応援団」にもなってくれる。

　地域との関係についても保護者との関係と同様のことがいえる。学校と地域との連携は2000（平成12）年の学校評議員制度に始まり，最近では，「新しい公共」型学校を目指してコミュニティ・スクールの整備が進んでいる。コミュニティ・スクールの性格および権限については自治体によって異なるが，「開かれた学校」づくりという目的のもと学校における教育活動への保護者および地域住民の参画という点で共通している。子どもの教育の方向性を教員，保護者，地域住民による熟議を通して決定し，それらにコミュニティとして責任をもつという態度が三者の間で共有される。

　コミュニティ・スクールは地域資源の活用を促進させる仕掛けにもなる。地域住民は教科や総合的な学習の時間にゲストティーチャーとして参加する場合もあるし，最近では「学習支援ボランティア」として子どもたちの学力向上のアシストをしたり，教室における「気になる子」の授業時間内における寄り添い役を担ったりする場合もある。

こうした保護者，地域との連携を通して，教員免許状をもつ教育の専門家としての教員の在り方が改めて逆照射されるのではないかと期待している。子どもの成長という目的を共有しながら，何が専門職者としての教員の職責であるのか，また何については保護者と地域との共同責任のもとで活動が為されるのか。今後コミュニティ・スクール化が進む中で，この点に教員は自覚的でなければならないだろう。学習指導要領に示された内容を学力として子どもたちに身に付けることは教員の仕事であろう。家庭や地域の協力はもちろん必要であるが，その職責は第一義的には教員にある。「(ある子に)学力が定着しないのは家庭に原因がある」というセリフが最近しばしば社会でささやかれるようになった。それはある一面で事実を言い当てているのかもしれない。しかしこのセリフは教員によってささやかれてはならない。教員がこのセリフをささやくことは，「病気になるのは患者の自己責任である」というセリフを医師がささやくことに等しい。子どもの学力向上は教員免許状を有する専門職者としての教員の仕事である。

　以上，本章では教員の仕事について，「教える人」を指す言葉の言語使用からはじまって教員と呼ばれる人間の制度的な位置づけ，業務内容を見てきた。保護者や地域との連携が進むなか，教員の職責の再確認が進むことを期待している。保護者や地域住民は学校への参画により子どもたちにとっての「教師」となることはできる。しかし教師と呼ばれる人のうち，教員にしかできないこともある。

参考文献

　天笠茂編集代表，小松郁夫編著（2011）『学校管理職の経営課題　第2巻　「新しい公共」型学校づくり』ぎょうせい．
　天笠茂編集代表，大脇康弘編著（2011）『学校管理職の経営課題　第5巻　学校をエンパワーメントする評価』ぎょうせい．
　有田和正（2011）『有田式　教壇研修の方法』明治図書．
　戸田忠雄（2005）『「ダメな教師」の見分け方』ちくま新書．
　村井実（1972）『ソクラテスの思想と教育』玉川大学出版部．

向山洋一（1985）『授業の腕をあげる法則』明治図書.
向山洋一（1986）『続・授業の腕をあげる法則』明治図書.
向山洋一（1986）『教師修業十年―プロ教師への道』明治図書.
向山洋一（1991）『学級を組織する法則』明治図書.
向山洋一（2009）『【新訂】教育技術入門』明治図書.

（山本孝司）

第7章

学級担任の仕事

　学級・ホームルーム（高等学校における呼称）は「学習の場」であり，「生活の場」である。そこを管理経営していくのが担任である。中・高では教科担任制ではあるが，あわせて学級・ホームルーム担任として仕事の役割として制度化されている。

　子どもたちは学級・ホームルーム担任から教科の学習内容や倫理観の社会性を学んでいく。その時に大切なことは担任として信念をもって子どもたちと接し育てていくという気持ちが必要である。

　この章では，学級担任の仕事を現場の立場・役割を中心に説明する。しかし，根本的なことは子どもたちに関係することとして教科指導，生徒指導，進路指導等があるが，学級経営が学校教育の要であるとした上で述べる。

　学問的な部分と少し趣が違うが，学校の中での担任とはどのような事をしなければならないか，どのようなことを心がける必要があるのかを知ってほしいと思い，担任の1日も紹介している。

1 学級（ホームルーム）とは

　学級とは，組織単位として考えた場合，原則として同一学年の児童生徒とその学級担任からなる教育指導のための組織集団のことをいう。

　学級には単式学級と複式学級がある。単式学級とは同一学年で学級を編制することであり，複式学級とは特別の事情がある場合，たとえば児童数が少なく同一学年の児童で学級が作れないために2学年以上が同一の学級で授業を行うような編制方法を採用する場合である。また，特別支援学級でも同様のことが生じ複式学級が存在している。

表7-1　公立小・中学校等の学級編制の標準（文部科学省）

学校の種類	学級編制の区分	1学級の児童又は生徒の数
小学校	同学年の児童で編制する学級	40人（第一学年の児童で編制する学級にあつては，35人）
	二の学年の児童で編制する学級	16人（第一学年の児童を含む学級にあつては，8人）
	校教育法第81条第2項及び第3項に規定する特別支援学級	8人
中学校（中等教育学校の前期課程を含む。）	同学年の生徒で編制する学級	40人
	二の学年の生徒で編制する学級	8人
	学校教育法第81条第2項及び第3項に規定する特別支援学級	8人

　学校の中の学級は校長・教頭が主体となる学校経営，そして学年主体の学年経営の下にあって，担任主体の学校における基礎集団である。学校の教育方針にそって担任はこの集団を担当し逆向きに学級経営→学年経営→学校経営と関わっていく。このように学校経営の下部組織と位置づけることもできるが，学級は先に述べたように学校教育の基礎的な組織単位である。そこでは知識や技能を教え，学習する「学習集団」であり，学級での人間関係や担任とのコミュニケーションを通して人間形成を図る「生活集団」の両面を合わせ持つ集団である。表7-1は学級編制の標準を表し，その人数を表している。

　学級における活動の内容については，学習指導要領（2008年3月告示）で特別活動のなかの各活動・学校行事の目標および内容の中に学級活動として述べられている。中学校までは学級活動の名称を使っているが，高等学校ではホームルーム活動に名称が変化する。

　学級活動の目標は，「学級活動を通して，望ましい人間関係を形成し，集団の一員として学級や学校におけるよりよい生活づくりに参画し，諸問題を解決しようとする自主的，実践的な態度や健全な生活態度を育てる。」（中学校学習指導要領）である。内容の大枠は，(1) 学級や学校の生活づくり，(2) 適応と成長及び健康安全，(3) 学業と進路，である。

　小学校でも同様に学級を単位として学級や学校の生活づくり，とあり各学年ごとに発達段階にあわせて内容に変化が見られる。

　このことは，学級を「生活の場」「学習の場」として捉え，個人の心身両面

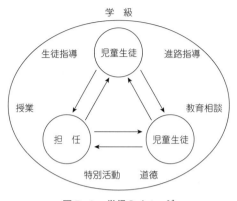

図7-1　学級のイメージ
＊学級は人格的結合（担任・児童生徒・児童生徒）を前提とした集団であり，その中でさまざまなことが展開される。

の成長にそって社会性と学力を発達段階にあわせて身につけていくことを目標にしている。

　また，人間形成の場として学級内の児童生徒間の人間関係，担任との人間関係や担任の背中を見て社会的なことを学ぶ場であり，学業と進路に関しては学ぶことと働くことの意義，自主的な学習態度の形成を目指し自分の進路について自主的に進路を選択していく力をつける場でもある。さらに高等学校ではホームルームと呼んでいるように家のように「ゆったりする」居場所としての意味合いももち，担任は，リーダーシップを発揮して児童生徒の居場所のある学級づくりも目指さなければならない。

2　学級経営の展開

（1）担任の仕事

　小学校では担任制であるが，中・高は教科担任制をとっている。それでは中・高では担任はないのかといえばそうではない。中・高は教科担任制にプラスして学級担任として教員の中から管理職が任命する。学校（大規模校が多い）によっては校務分掌に位置づけられており，担任になれば校務分掌の一部

軽減措置もあったりする。

しかし，LHR（ロングホームルーム）は授業の一環として，SHR（ショートホームルーム）は担任の仕事として位置づけられている。

学級担任の仕事としては，児童生徒理解，学級指導，学級の組織化，教室環境の整備，保護者とのコミュニケーション，児童生徒に関する問題の解決，学級事務の処理とかなり多い。さらに，最近では学校評価が加わり担任の仕事は多忙を極めている。したがって時として，担任はできないと公言する教員も出てくるが，担任をしなくて何が教員か，である。成人してからクラス会に呼んでもらえる幸せは担任を経験しないと味わえないものである。学校時代は教員と児童生徒であるが，成人してからは大人同士の付き合いが始まり卒業生に学校時代と変わって反対に教えてもらう場面もあったりして楽しい時間が過ごせる場合が多い。このような関係が生じるのも，人間としてのつながりができているからである。

① 学 級 編 制

新年度になると学級編制が行われる。そして，学級メンバーの発表が行われる。児童生徒はわくわくして発表を楽しみにしている。

発表の時，児童生徒は担任がわかると「よかった！」「〜先生か。厳しいぞ！」「一緒のクラスでよかったね！」など声があがるが，おもしろい児童生徒の中にはその場に崩れ落ちたりして，見ている教員たちも吹き出す光景が出現する。編制は3月の時点で行われるのであるが，中1，高1は小，中の資料を基に学級編制を行うことになる。発表は当然4月の始業式である。

管理職から，3月末の職員会議で次年度の学年担任教員布陣，校務分掌の発表が行われ，学年主任が任命される。学年主任を長として学年団が作られ，各学年団は学級の編制に取り組むことになる。

学級編制には，同質集団による編制と異質集団による2種類の編制方法があるが，ほとんどの公立小・中学校は異質集団編成であろう。同質集団編成には学習到達度別や高等学校の進路別の理系や文系といった編制がある。異質集団は通学区域，成績，その他の教育的な要因（家庭環境，兄弟数）など特に全国

的な共通点はなく，混在である。このことが児童生徒の発達段階に応じてよい結果をもたらすことになる。

中・高においては中1，高1は別にして他学年はほとんどが成績を基本として，各学級の成績分布が同じぐらいになるように編制するのである。学級内での成績に関しては上位から努力を要する者が混在しているのが現状である。

現在は「いじめ」「不登校」「授業妨害」等の問題があるので，機械的な分け方をせずに配慮をしながら編制しているのが普通である。

学級編制の視点としては①生年月日，②心身の発達，③社会性，④学業成績，⑤通学区域（主に小・中），⑥名字の50音順，⑦教育的要因（家庭環境，兄弟数，友人関係等）などがある。

② 生徒指導

生徒指導は個性の伸長を図りながら，社会的資質や行動力を高めることを目指して行われる教育活動である（文部科学省　2010）。

生徒指導というと，懲戒的な意味合いで理解されることが多い。生徒指導の先生のイメージは「怖い」というのが子どもたちの言い分である。

しかし，そうではない。担任としての生徒指導とは，生徒を理解し適切に対応していくことである。したがって児童生徒の状況を知っておくことは大切なことである。そのため清掃活動を一緒にすることやSHRでのわずかな時間でも大切で必要なのである。

生徒指導の基本的な考え方は「人格のよりよい発達を目指す」である。生徒指導提要では，「生徒指導とは，生徒一人一人の児童生徒の人格を尊重し，個性の伸長をはかりながら，社会的資質や行動力を高めることを目指して行われる教育活動のことです…」（文部科学省　2010）とある。さらに生徒指導の位置づけとして5項目を挙げている。

　（1）教育課程の共通性と生徒指導の個別性

　　「日々の教育活動においては，①児童生徒に自己存在感を与えること，②共感的な人間関係を育成すること，③自己決定の場を与え自己可能性の開発を援助することの3点に特に留意すること」が求められている。

（2）学習指導における生徒指導

　一つには学習活動が成立するために，「一人一人の児童生徒が落ち着いた雰囲気の下で学習に取り組めるよう基本的な学習態度のあり方についての指導を行うこと」とあり，環境の整備・学習場面への適応を挙げている。二つ目には，各教科等の学習において「そのねらいの達成に向けて意欲的に学習に取り組めるよう，一人一人を生かした創意工夫ある指導を行うこと」である。

（3）学習上の不適応と生徒指導

　「学習上の不適応から児童生徒を救うためには，『わかる授業』の推進や児童生徒の関心意欲を引き出し主体的に学べるよう指導上の工夫をするなど教育課程実施上の改善措置を図ることが不可欠」とあるように，教員は「わかる授業」を基本とした創意工夫が求められていることになる。

（4）豊かな人間性の育成及び教育課程外における生徒指導

　「自ら学び自ら考え，主体的に判断し行動していく力や，豊かな人間性，たくましく生きるための健康と体力などの『生きる力』は，各教科だけ，あるいは各教科の内容を単に知識として学ぶだけでなく，各教科以外の道徳，外国語活動，総合的な学習の時間及び特別活動などによる指導を通して，初めてはぐくむことが可能になるもの」とあるように各教科以外の時間を有効に使って豊かな人間性の育成に取り組む，である。

（5）教育課程と生徒指導との相互作用

　学習の定着によって自己実現の相互作用が生じる，である。「児童生徒の学校における学習や生活態度が安定することによって，教育課程を円滑に実施することが可能」となり，逆に，「教育課程の実施が充実すること，例えば教科における指導の充実によって，児童生徒の中に，基礎的・基本的な学習内容及び資質や能力が定着し，適正な進路を選択することが可能」となり，自己実現に近づくことになる。

　生徒指導はこのように学習指導，そして延長線上にある進路指導，心身の発達にあわせてた自己実現のための自己指導能力の育成を目指しているのであり，

担任のリーダーシップが必要になる。

③ 席 替 え

　児童生徒にとっては一大イベントが席替えである。いつも楽しそうに騒然としながら取り組んでいる姿が見受けられる。担任としては必ずしもそんなことはなく，学習のスムーズな展開のための席替えと考えている。

　学年が変わった4月については，原則として出席番号順である。これには意味があって，中・高においては教科担任制の授業がなされるので，担任であっても1日中教室にいるわけではない。担当教科の授業をするために教材研究等に忙しい現実があり，学級ばかりにかかわっていることができない。そのため，名前を覚えやすくするために出席番号順に席を指定するのである。

　担任としての自分だけでなく，授業担当者もその方が名前を覚えやすい利点がある。ただし，配慮を必要とする生徒がいたら話は別である。視力に問題があって黒板の文字が見えにくい等である。そういう申し出が本人や保護者から出されるときがあり，申し出を受け入れるのは許容範囲と思ってその時には，学級全員の前で，こういう理由でこの児童生徒は学習しやすくするために席を前にする，と宣言すれば良い。そして，1年間席替えの時はこの方針を変えなければ一貫性があり児童生徒も納得する。このようなことで，不公平であるという訴えは一度もないと聞く。

　中・高ならば2ヵ月（状況によって違う）ほどたって，新たに席替えをしようかと伝え，条件も伝える。2ヵ月も経つと教科担当の教員も名前を覚えるし，ちょうど良いのである。

　少し集中力に欠く生徒の場合は，教卓の近くで教員が注意しやすい位置に，時々エスケープをしそうな生徒は1階であれば窓際から，また廊下側や出入り口から離す，男女（男女協同の視点）を交互に配置する等を考えて決めるのである。まだまだ条件的なことはあるが，要は担任としてどのような学級経営を考えているかである。

④ 学級委員を決める

　学級には，学校よっても違うがさまざまな委員がある。代表的なのは学級委員である。学級代表，級長というところもある。高校生ならば立候補ということもあるだろうが，小・中ではそうもいかない。リーダー的な児童生徒を選び担任が決める必要があろう。

　学校によって委員の種類が微妙に違っているが，1人に負担がかかるような人選はすべきではない。高では，立候補といっても誰も立候補をしない。割に合わないと思っているからである。したがって，委員は誰かがしなければなならないこと，必ず年間1回（春と秋に交代するのが普通）はしなければならないことにすればよい。やれば人間関係や学級の組織的なことがわかってくるのでこのような内容の丁寧な説明を担任がして納得させるのである。いやだな，面倒くさいと思わないような雰囲気づくり，である。

　いくつか委員があるが，担任としては工夫を凝らし学校で決められた委員だけでなく，担任独自の委員を考え学級の全員でなくてもより多くの生徒が何らかの委員になるような工夫をしてみたらどうであろうか。

　すべてがうまくいくとは限らないが，中・高なら運動部の生徒を体育委員にするとか生活関係から決めるのも一方法である。委員経験は経験知として社会人になっても生きてくるはずである。

　また，常に声かけが必要である。「君がいろいろやってくれるので助かるよ」と声をかけるだけでも生徒は悪い気持ちではない。

⑤ 学習指導

　学習指導と生徒指導は学校においてどの校種でも高い相関が見られる。学習指導がうまくいき成績がよいといわれる学級は生徒指導もうまくいっているという。反対に成績に努力を要する学級は生徒指導がうまくいっていないといわれる。このように，学習指導と生徒指導は相関が高く学教教育の両輪といわれている。

　教員としては学習指導の前にあらかじめ知っておかなければならないことがある。それは学習の「レディネス」「発達課題」，そして「発達の最近接領域」

である。雑な説明になるが，この3点ついて考えてみる。

　教員は授業が最優先である。義務教育においては，社会生活を送れるような最低限の基礎的な学力をつけてやる必要がある。現実に教員は授業を最優先で取り組んでいるが，なぜ学力が伸びないのかと自問する。これを学習習慣が身についていないと考えるとなぜ身につかないのかになる。児童生徒の個人的な問題もあるが，学習環境を考えると，教室が授業中にもかかわらず騒がしく，中には立ち歩く者もいるというような状況があり，学習内容が聞こえないというようなことがあるのではないだろうか。

　したがって生徒指導提要に述べられているように学級の学習環境整備から始めなければならない。しかし，はじめに「レディネス」といわれる学習を効果的に受け入れる生体内の発達的基礎の準備段階が必要である。

　あわせて学習に集中するためには環境作りが必要である。生徒指導的な観点が強いが，教室が静かなら授業内容は聞こえるのである。児童生徒の理解力もあるが最低の聞く条件をクリアーできれば，子どもの学習に対する意欲につながり，準備段階では少しは学習内容への興味が見られるはずである。

　「発達課題」とは，人間が生涯の心身の変化が生じる各発達段階で学ばなければないさまざまな課題のことである。学習に関しては中・高で学ばなければならない教科カリキュラムを挙げることができる。

　「発達の最近接領域」とは，ロシアの心理学者ヴィゴツキー（Vygotsky, L. S.）が定義したものである。

　できる／できそうだがまだできないこと，にはわずかな隔たりが生じている。ここをヴィゴツキーは「発達の最近接領域」と定義し，その領域に適切に働きかけることを教育の課題として捉えたのである。

　授業場面で考えると，子どもたちが理解にあと一歩のところにいるとき，教員のヒント・後押しによって理解できる発達の領域である。「わかりやすい授業」とは，この領域の課題見極め力とそれに対応した働きかけができる教員の授業であろう。そのため，教員には発達課題を把握し，それに対応した適切な教材研究が求められるのである。

　学習形態では一斉学習法とグループ学習法がある。グループ学習においてグ

ループ内に理解度の高い生徒を配置すれば，一斉学習のように教員には質問をしにくくても，グループの仲間には聞きやすいはずなので，積極的な学習に結びつくかもしれない。

　小学校の担任は全教科の対応だけに大変であるが，中・高校の教科担任は教科の授業の中での対応になって，ついなぜできないのかと口に出してしまいがちであるが，全校種ともに授業には工夫を凝らすべきである（現実は常にどのようにしたらよいかと工夫している）。

　人間相手だけに答えはなく，学力向上は一斉かグループか，最終的な個別指導で対応するかは教員本人の取り組みにかかっている。

⑥　通知表の作成

　通知表は生徒個人の教科評定，行動の記録，特別活動の記録，出欠日数（状況）等が書かれているものである。これらは事務的なことなので，作成に当たっては基本的なルールを守って行う作業的なことである。問題は，担任のコメントである。

　コメントは記録に残るものである。そのため配慮が必要なので教員にとって気を遣う仕事になる。学期における生徒一人一人の様子を保護者に伝える際，悪くは書きたくない。したがって否定的な言葉は使わないようにすることになる。ここに難しさが生まれてくるが，保護者はコメントに対して楽しみと不安を抱えているのではないだろうか。

　どのように書いていけばよいのであろうか。通知表は学期ごとの配布である。担任は1学期に何を書けばよいのか，2・3学期には何を書けばよいのかと悩む。この場合担任としてルール的なものを独自に決めてしまえばよい。

　1学期は担任にしても初めての出会いの児童生徒がいる。小1，中1，高1ならばなおさらである。担任も転勤してきたり，初めて，新たに指名されたりしているのでわからない児童生徒が多いはずである。そしたら，コメントはおのず浮かんでくるはずである。

　1学期については，「発見」をテーマにする，などはどうであろうか。つい悪い行動だけを捉えてしまいがちだが，児童生徒を肯定的に捉えながら，個人

の長所を観察法を用い学期中メモをしておき、「このようなよき行動がありました。…」等のコメントを書いてみたらどうであろうか。個人の長所発見である。

　2学期については、「ストーリー」としてこの長所がどのように伸びているかを中心に書き、3学期に関しては「期待」として、次の学年に担任として持ち上がれるかどうかわからないので年齢的な発達段階を考慮しながら「次の学年（来年度）では〜なことを期待しています」というように成長に伴う行動についての期待を書いて次の学年の担任に引き継いでいくのはどうであろうか。

　1年立つと児童生徒は担任が思っているより成長しているのだが、心配になってつい期待的なことを最後に書いてしまうのだがそれが一番流れに沿っているのではないだろうか。保護者としても、子どもが期待（肯定的にとらえられて）されて悪い気はしない。しかし、どうしてもコメントが書けない場合がある。そのときは、その児童生徒のエピソードを中心に書くのも一方法である。

　もう一つ条件を挙げれば当然ではあるが嘘を書かず、本当のことをお世辞ではなく書くことである。そのために、担任としては、児童生徒の近くにいて個人の様子を見ている必要がある。そして、メモのようものに記録しておくのである。

⑦　指　導　要　録

　学級経営には直接関係するものではないが、大事な仕事になっているので、述べることにする。

　学校における表簿といわれるもので、学籍の記録である。学校教育法施行規則第24条で「校長は、その学校に在学する児童・生徒の指導要録を作成しなければならない」と決まっているものであるが、実際は校長ではなく担任が学年末に作成しそれを校長が確認する形で学校に残していくのである。

　各校種によって様式は変わっているが、学籍の記録（氏名、住所等）、各教科の学習の記録、特別活動の記録、行動の記録、総合所見、評定、出欠の記録等を書き込んで作成する。

　中・高ではこの書類より調査書を作成し、高校進学の際や大学進学に使用す

る。これは教員になり担任をするとしなければならい。この書き方についてはベテランの教員や校務分掌の教務で指導をしてもらえるので心配はない。ただし，作成すればこれらの書類は学校長の責任となるのでミスは許されない。

⑧ 家 庭 訪 問

　家庭訪問は小・中学校では年間行事の中に予定として組み込まれていることが多いが，その目的は家庭環境の把握，児童生徒の家庭での状況把握，担任と保護者との人間関係の構築である。高等学校では何か問題が生じた場合に行うことが多い。多くの場合，生徒指導事案が起こり，訪問はその経緯の説明と学校側の方針を説明し理解を得るためである。そして，今後の対応の仕方を話し合って方向性を決めていくのである。

　すべての校種において担任として気をつけなければならないことは，約束した時間を守ることである。保護者は約束した時間のために仕事を切り上げて帰宅したりしているからである。次に訪問の目的によって違うが，できるだけ本人も交えて話をすることである。そうすれば家庭内の親子関係もわかるし，担任と本人の関係も理解してもらえる可能性が生まれるからである。さらに本人のことを語るときには具体的に話すことである。漠然とした話は保護者に伝わらない。小・中の場合であればエピソード的なことを伝えれば学校での様子を理解してもらえやすい。高校の場合の指導事案の時には，事実関係をしっかり伝える必要があるのでなおさらである。その他，守秘義務の遵守，他人の批判はしない，接待は受けない等である。

（2）担任の1日
① 朝のSHR

　朝のSHR（ショートホームルーム）とは，朝の1時間目の前に担任が学級のメンバーの出席状況を確認することと，当日の連絡事項（あれば）を伝える場面である。急に全体として連絡することがあればそこで伝える。しかし，1番の目的は児童生徒の様子や健康状態を確認する場面である。ベテランの教員になると，家で何かあったかわかるという。

小・中では必ず行われるが，高校ではない学校もある。小学校では教科もすべて担任が担当するため朝の授業前に時間的な余裕がなく児童の出欠の連絡等はできないが，中・高の担任はSHR終了後，授業が入っていない場合は出欠状況を家庭に連絡することができるので，生徒の様子は保護者を通じて確認することができる。

　時として，中・高では普段通り家を出ているが学校に来ていない場合もあるので，早期に彼らの動向を把握することができ，生徒指導への対応もスムーズにいく場合もある。

② 昼の給食
　準備は子どもたちがするが，かといってほったらかしにすることはできない。側にいて様子を見ながら手順を確認していなければならない。特に小学校では教員がついていないと遊んでしまうことがあり，昼の休み時間に影響が出るため，また，午後の時間にも影響するかもしれないために注意をしておく必要がある。

　児童生徒たちにとっては楽しい時間ではあるが，教員はゆっくりすることができない。食べ始めてから様子を確認して，調子の悪い子はいないか，残していないかとか心配になって大変である。現在は完食指導的なことは少なくなってきているそうだ。

　給食の際に配慮するのは一口でも必ず食べさせることである。食育の観点から，子どもたちに必要な栄養分を配慮し計算された上でだされているので，偏食をさせないことが一番である。指導のため，特に小学校では子どもたちが食べ終わるまで昼食をとらず見届ける教員もいるという。

　調理室をもつ学校では，後片付けも分別指導の徹底を求められていると聞く。給食室からメモが回ってくることもあり，担任はメモに目をとおし全員に注意しておく必要がある。

　しかし，地域ごとに調理をして何校かに配送するシステムのところもあったりとさまざまであるので，指導は担任にまかされているのが現状であろう。

　給食は中学校でもほとんどあるが，食中毒の関係から独自の調理ではなく業

者の弁当の場合もあるようだ。高等学校では義務教育ではないため給食はない。

③ 放課後のSHR
　朝のSHRと違って，比較的児童生徒は元気が良い。教室の中は騒然としているのが現状であろう。これを嫌う担任もいるがほとんどの教員はこの状況に安堵するのではないだろうか。なぜ，彼らはこんなに元気なのか，言葉が飛び交い教室は騒然としているが，なかにはじっと担任が何を言おうとしているか待っている児童生徒もいる。彼らの姿は活気に溢れ，見ているだけで楽しくなるのではないだろうか。この場面では朝の場合と内容は変わりはない。次日の連絡があれば伝える。そして児童生徒の観察である。中・高では朝に来ていなかった者が来ているか，無断で早退している者はいないか，元気のない者はいないか等である。
　気になった児童生徒がいれば，残して面談をすることもある。
　放課後のSHRは小・中・高の校種は違っても，ほとんど実施している。

④ 清掃活動
　小・中・高の校種において日本では児童生徒に教育的な配慮をもって清掃活動をさせている。アメリカでは，児童生徒は清掃活動はしない。学校は教科学習の場と割り切っているからである。
　日本の場合は，3校種とも当番制にして担任の指導のもと，清掃活動を行っている。小学校では正しい箒の持ち方等清掃活動についてマニュアル化されていて，目的としては自分たちが学習する場を自分たちの手で整備を行う，労働経験，社会貢献的観点などが挙げられている。
　しかし，3校種で共通するのは，児童生徒の状況を把握するのに最適な情報取得場面である事を忘れてはいけない。教員が一緒に清掃活動をすると最初は警戒するが，そのうち気にしなくなる。そうなると，仲間間の話しをし出すので聞く気がなくても彼らの状況が耳に入ってくるのである。なかには，話しかけてくる児童生徒もいて，生徒とのコミュニケーションにも有効な活動である。

⑤ 放課後の各種仕事および指導

　放課後は，担任はやっと自分と向き合うことのできる時間である。といっても保護者からの相談等があり，ゆっくりはできないのが現状である。しかし，この時間帯では教材研究の時間に充てているのがほとんどであるが，担任としての業務が残っている。

　最初に確認するのは出席簿である。金曜にまとめてやればよいと思うと次の週にまたがってしまう可能性もあり，1日のまとめとして出席簿確認は毎日必要である。そうすることによって特に中・高においては教科担任制のため1日の学級の出入り（出席状況）の様子が知りたいときの確認もできる。

　次に学級日誌に目をとおすことである。日直当番の児童生徒がどのように教室の1日を過ごし感じているのかがわかり，文章を読むのが楽しい。担任もそれにコメントを書き返信する。児童生徒も担任のコメントを楽しみしていたりでお互いの関係も近くなっていく。僅かなコメントでも児童生徒は楽しみにしている。

　中・高の担任はその後，部活動指導があるかもしれない。中学校では安全性の配慮から運動部（に限らない）は顧問の教員がついていなければ部活は禁止のところが多いためである。

　中・高によって違いがあるかもしれないが，校務分掌化して担任をすれば部活顧問はしなくても良い，というところがあると聞くが現状はそうもいかないであろう。特に中学校では部活動指導は当然と考えておく必要があるので，教材研究はその後になり結局遅い時間までかかったり，指導事案が生じると遅くまで事実関係の確認や家庭との連絡などで教材研究もできず保護者との話し合いで遅くまで学校にいることになる，このあたりは，新聞で報道された世界で一番勤務時間が長い，になる要因であろう。高校もほぼ中学と同様である。さらにこの放課後に小の場合であれば友人関係のこと等，中・高であれば進路等についての相談にのることになる。

3 担任として心がけること

　担任の仕事を中心に学級について実践的場面より述べてきたが,「教職に関する科目」の中に独立した形で「学級経営」の項目はない。教職論で教員の仕事の一端として学ぶだけである。

　2014（平成26）年6月に文部科学省国立教育政策研究所教育課程研究センターが出した特別活動中学校編では学級活動は学級経営の要と書かれている。そこには学級活動が教師主体になっていないか,体験や学びがその場限りになっていないか,学級のルールが,教師の決めたものばかりになっていないかと担任に問うている。最終的に意見の違いを超え,望ましい人間関係につなぐ話し合い活動から,自主的・実践的な態度を育む,自己成長の自覚を促し,向上心を育む,共感と秩序ある集団を育む,とまとめ,児童生徒主体の活動を謳っている。

　このように児童生徒主体ではあるが,活動は児童生徒主体であっても学級は担任が管理していることを忘れてはならない。児童生徒たちだけで学級は成り立たない。教員がいて確かなリーダーシップを発揮し進めていくのである。そうしなければ学級経営はうまくいかない。

　担任は児童生徒にとって社会を教えてくれる窓であり,今まで述べてきた内容は表であるならば,彼らが担任の背中を見て学ぶ裏のカリキュラムも大切なのである。

① 担任としての自覚をもつ
　教師が児童生徒に与える影響は大である。子どもは担任を無意識のうちに社会の窓と思っている。学級の全員に浸透するとはいえないかもしれない。しかし,子どもたちは担任が話すことを聞いてまねをする。動作もそうであるし,考え方もそうである。特に信頼関係があると,担任とシンクロする。倫理観や物事に対する姿勢・考え方なども同様である。

　このようなことを考えると責任の重さに怖くなるが,教員となった限り担任

は必然であり影響力は大と思って，言動に細心の注意を払う必要がある。将来，日本を背負う人間を相手にしている自覚を持って担任として接することである。

② 居心地のよい学級をめざす

　学級はホームルームと呼ぶように家ではないが，精神的に落ち着ける場所と考えることができる。「生活の場」でもあるが自分の居場所と思えるような雰囲気作りを心がける。①多様性を認め，問題行動を起こしたら注意はするが，他の子どもとの比較をするような言葉は慎み，②公平に接することである。そして，③教員の方から先に話しかけ，遊び心をもって冗談を言ったりして④子どもの方からも話かけやすくするのである。または，⑤ゆったりする時間を意識的に作るのである。

③ 子ども主体である

　子どもたちは担任の背中を見ている。学級は特別活動にあるように学級活動を進めるために児童生徒主体ではあるが準備は担任がしなければならない。担任は後ろから子どもたちが力を発揮できるように支援しなければならない。

④ リーダーである

　支援をしなければならないが，学校の教育目標を遂行するためや学年の一員として学校を存続させるためには，方向性などは担任がしなければならない。子どもたちに丸投げするのは教員として無責任である。何のための担任か，になる。担任としての自覚をもつ必要がある。

⑤ 同僚との連携を大切にする

　最近，同僚性が薄れているといわれる。教員も情報処理の技術を学び，仕事に生かす，となっているが，そのためとは言い切れないが隣に座っている教員とも話をしないようである。

　以前は，新卒新任の教員や若い教員は，先輩の教員に指導を仰いだり，指導してもらったりした。今はそんなことはないそうだ。しかし，学年の横のつな

がりとして協働することは大切なことである。常日頃から情報交換も含めてコミュニケーションをとっておく必要がある。積極的に同僚との関係を築くべきである。

⑥ 教材研究を含め役割分担や法律等の学習に時間を確保すること

担任に限ったことではない。教材研究は教員誰しも必要なことであるし，校務分掌の授業から離れた仕事もしなければならない。そして，案外，現場の教員は法律的なことに弱い。児童生徒の対応がすべてであると考えている節がある。そうであるが，教員の地位，身分等を知識として知っておく必要がある。子どもへの対応を第一義にして従事することではあるが，教員としての資質能力の向上にかける時間の確保はすべきである。

参考文献

岩内亮一・本吉修二・明石要一編集代表（2011）『教育用語辞典　第4版』学文社．
石川道子（2015）「『いうことを聞けない』とされる子の持つ障害」『児童心理』12月号：25-39．
粕谷貴志（2015）「子どもの言うことを聞きすぎる親・教師」『児童心理』12月号：113-118．
藤本典裕編著（2016）『教職入門教師への道』図書文化社．
教職問題研究会編（2009）『教職論——教員を志すすべてのひとへ　第2版』ミネルヴァ書房．
文部科学省（2008）『中学校学習指導要領』東山書房．
文部科学省（2010）『生徒指導提要』教育図書．
文部科学省（2014）「担任必携　学級・学校文化を創る特別活動　中学校編——学級活動の基本　話合い活動を中心にして」国立教育政策研究所教育課程研究センター．
佐藤晴雄（2009）『現代教育概論』学陽書房．

（齋藤正俊）

第8章

教師の職場環境

　本章においては、今日の教師の置かれている職場環境についてみていく。その中で他国との比較によって日本の教師の勤務実態の特徴を捉え、それにかかわる課題を浮き彫りにする。結論を先取りしていえば、日本の教師の置かれている職場環境は過酷である。本章では、その「過酷さ」の背景にあるものとして、戦後の対子ども、対保護者との関係の変化に着目し、今日の教員が抱える悩みや不安についても言及する。そして最後に教員の置かれている職場環境改善のための若干の提言を付す。

1　教師の勤務実態

　2013（平成25）年に実施された「OECD 国際教員指導環境調査（TALIS）」によると、日本の教員は1週間当たりに換算すると、53.9時間と OECD 参加国中（平均38.3時間）最長の勤務時間となっている。この数字から日本の教員の多くは法定労働時間を超えていることがわかる。内訳をみると「課外活動の指導に使った時間」が参加国との比較で特に長く（7.7時間、参加国平均2.1時間）、ついで「一般事務業務」（5.5時間、参加国平均2.9時間）、「学校内外で個人で行う授業の計画や準備に使った時間」（8.7時間、参加国平均7.1時間）が長いという結果になっている（表8-1）。この結果は、昨今指摘されている日本の教員の多忙さを裏づける有力なデータである。こうした教員の長時間労働の常態化は労働法制上の問題だけでなく、教育実践上の問題を生み出している。何より教師の専門性を発揮するための準備時間を確保できないという点である。勤務時間は最長にもかかわらず「指導（授業）に使った時間」が17.7時間と参

表8-1 教員の仕事時間

	仕事時間の合計	指導（授業）に使った時間	学校内外で個人で行う授業の計画や準備に使った時間	学校内での同僚との共同作業や話し合いに使った時間	生徒の課題の採点や添削に使った時間	生徒に対する教育相談に使った時間
日本	53.9時間	17.7時間	8.7時間	3.9時間	4.6時間	2.7時間
参加国平均	38.3時間	19.3時間	7.1時間	2.9時間	4.9時間	2.2時間

	学校運営業務への参画に使った時間	一般的事務業務に使った時間	保護者との連絡や連携に使った時間	課外活動の指導に使った時間	その他の業務に使った時間
日本	3.0時間	5.5時間	1.3時間	7.7時間	2.9時間
参加国平均	1.6時間	2.9時間	1.6時間	2.1時間	2.0時間

（出典）　OECD国際教員指導環境調査（TALIS）のポイント（平成25年）．

加国平均19.3時間を下回っている。

　新自由主義的な傾向をもつ教育改革が2000年前後から進み，教職にも成果主義（業績主義）が採り入れられるようになった。成果主義（業績主義）は，教員を評価の対象として見る傾向を強めた。今日，自己評価，第三者評価を通して学校や教員は評価の観点でながめられ，学校業務のほとんどすべてにおいて目標設定とその到達，そして結果報告が求められるようになっている。元来，新自由主義では競争による自然淘汰によって効率性，功利性を上げていくという考え方が支持される。こうした考えのもとでは「できる者」と「できない者」との峻別が行われる。社会全体が「できない者」を自己責任として排除する傾向が強まってくると，自分が「できる者」というパフォーマンスも必要になる。教員も例外ではない。教員の場合「できない者」は「不適格教員」の烙印を押され，指導研修の対象となる。こうした流れの結果，以前と比較して教員の事務仕事量が増えている。本来は子どもたちと向き合うところ，今日では教員が向き合っているのは机上のパソコン画面であったりする。もちろん教科研究や研修に割く時間は子どもたちの学力向上とも密接にかかわるため必要ではあるが，子どもと向き合える環境づくりの方が優先事項かもしれない。さらに授業とは別に部活動の顧問をしている教員は，土日も返上してその指導に当たらなければならない者もある。授業の準備や生徒指導，部活指導だけではな

表8-2　学級の規律的雰囲気

	授業を始める際,生徒が静かになるまでかなり待たなければならない	この学級の生徒は良好な学習の雰囲気を創り出そうとしている	生徒が授業を妨害するため、多くの時間が失われてしまう	教室内はとても騒々しい
日本	14.7%	80.6%	9.3%	13.3%
参加国平均	28.8%	70.5%	29.5%	25.6%

（出典）表8-1に同じ.

く，保護者への対応も大きな負担となっている。

「OECD国際教員指導環境調査（TALIS）」のなかで「教員間の協力」については「他の教員の授業を見学し，感想を述べることを行っていない」と回答した割合が6.1％と参加国平均の44.7％と比較して極めて低い結果になっている。このことは校内研修等における日本の教員集団の授業研究が活発に行われていることの証左でもある。

「学級の規律的雰囲気」についてみると，「生徒が授業を妨害するため。多くの時間が失われてしまう」と回答した割合が9.3％と参加国（平均29.5％）で一番低く，また「教室内はとても騒々しい」と回答した割合が13.3％で参加国中（平均25.6％）2番目に低い数字となっている（表8-2）。

このことから日本の教室における規律的雰囲気は統率が保たれており，統率力，学級経営力に関して日本の教員は高いスキルをもっていることがうかがえる。

しかしながら危惧される点もある。それは教員のもつ自己効力感についてである。日本の教員は「学級経営」「教科指導」「生徒の主体的学習参加の促進」の側面のいずれにおいても高い自己効力感をもつ教員の割合が参加国を下回る結果になっている。ただし，この調査では「非常に良く」「かなり」できていると回答した者を高い自己効力感を示すものとして処理しているため，一概に日本の教員が低い自己効力感をもつと断じることはできない。日本の教員は他の参加国の教員と比較し，より高い水準を求めているのかもしれないし，その達成に対し，より謙虚な姿勢を示しているのかもしれない。実際に日本の教員は「ある程度」できていると回答した割合は低くはない。こうしたことを断りつつみてみると，とりわけ「生徒の批判的思考を促す」「生徒に勉強ができる

表8-3 教員の自己効力感

教員の自己効力感（学級運営について）

	学級内の秩序を乱す行動を抑える	自分が生徒にどのような態度・行動を期待しているか明確に示す	生徒を教室のきまりに従わせる	秩序を乱す又は騒々しい生徒を落ち着かせる
日本	52.7%	53.0%	48.8%	49.9%
参加国平均	87.0%	91.3%	89.4%	84.8%

教員の自己効力感（教科指導について）

	生徒のために発問を工夫する	多様な評価方法を活用する	生徒がわからない時は、別の説明の仕方を工夫する	様々な指導方法を用いて授業を行う
日本	42.8%	26.7%	54.2%	43.6%
参加国平均	87.4%	81.9%	92.0%	77.4%

教員の自己効力感（生徒の主体的学習参加の促進について）

	生徒に勉強ができると自信を持たせる	生徒が学習の価値を見いだせるよう手助けする	勉強にあまり関心を示さない生徒に動機付けをする	生徒の批判的思考を促す
日本	17.6%	26.0%	21.9%	15.6%
参加国平均	85.8%	80.7%	70.0%	80.3%

（出典）表8-1に同じ.

と自信を持たせる」「勉強にあまり関心を示さない生徒に動機付けをする」「生徒に学習の価値を見いだせるよう手助けする」等の項目が他の国と比べて顕著に低くなっている（表8-3）。

　小学校に限定していえば，平成26年度に実施された全国連合小学校長会の調査によって，平成18年度に文部科学省実施の「教員勤務実態調査」と比較して勤務時間が1日当り20分増加（10時間52分）しているのに対し，「子どもと向き合う時間」が1時間17分減少（6時間34分）しているという結果が示されている。この結果は上の「OECD 国際教員指導環境調査（TALIS）」による日本の教員の多忙さを裏づけるとともに，時系列でみたときに以前と比較してますます多忙化していることを示している。

　多忙さと自己肯定感の低さを背景に，もはや日本における教員は「情熱と奉仕」だけでは務まらなくなっているといえる。

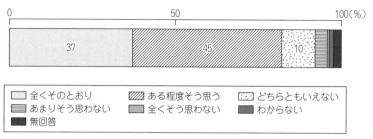

図8-1 「家庭の教育力低下」に対する見解 (%, N=940)

（出典）国立教育政策研究所生涯学習政策研究部が平成18年実施。全国の世帯から8400人を無作為に抽出して調査票を郵送、そのうち940人からの回答結果）.

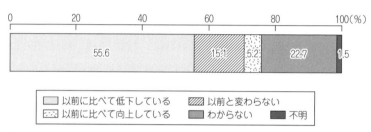

図8-2 「地域の教育力」は自身の子ども時代と比べてどのような状態にあると思われるか

（出典）文部科学省「地域の教育力に関する実態調査」平成17年.

2 教師の悩みと不安

(1) 増える教師の離職, 休職

　教職は「やりがいのある仕事」だとしばしばいわれる。子どもたち一人ひとりの成長にかかわる重要な仕事だからである。他方で, 教員の心理的負担は大きな課題でもある。昨今ではメディアによって精神疾患による教員の離職が大きく取り上げられるようになっている。今日教員が感じているストレスは, そうした教育という行為に内在するストレスとは異質なものである。

　近代公教育制度が整備されてから140年余りで, 学校は教育の中心的担い手の座に位置づけられるに至っている。反面, 家庭や地域の教育力の低下が指摘され, 学校の責任がますます増大している（図8-1, 8-2）。当初, 学校は知

	定年（勧奨を含む）のため	定年以外								計
		病気のため		死亡	転職のため	大学等入学のため	家庭の事情のため	職務上の問題のため	その他	
			うち精神疾患							
平成15年度間	8,891	316	…	202	1,053	15	…	…	2,608	13,085
18	9,873	370	…	217	1,136	32	…	…	2,870	14,498
21	10,357	609	349	219	1,289	26	1,682	112	2,157	16,451
24	12,005	589	350	190	1,318	19	1,831	88	1,980	18,020

図8-3　離職者の理由別離職教員数（公立小学校）

（出典）平成25年度学校教員統計調査.

識・技術の伝達機能を主たる機能としてきたが，後に生活指導や進学の教育に対す際の選別機能を担うに至った。戦後の教育の変化について，90年代末に広田照幸は次のように述べていた。「子供のしつけの担い手としての家族・地域共同体・学校の三者関係は，戦後の日本社会の中で大きく変化してきた。……まず地域共同体がしつけの担い手としての役割を失っていった。……そうした中，しつけの担い手としての影響力を強めたのは，……学校と家族とであった。だが，一九七〇年代に入るころから，さらに新たな動きが表面化してくる。家族と学校の力関係において家族の方が優勢になってきたのである」（広田 1999）。家庭，地域の教育力の低下が指摘される一方で，家庭と学校との力学関係に限定してみると，広田が指摘するように，家庭が学校よりも強くなっているよう

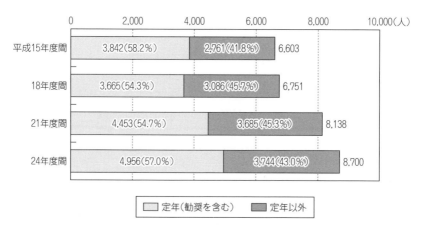

	定年(勧奨を含む)のため	定年以外								計
		病気のため		死亡	転職のため	大学等入学のため	家庭の事情のため	職務上の問題のため	その他	
			うち精神疾患							
平成15年度間	3,842	177	…	155	855	20	…	…	1,554	6,603
18	3,665	229	…	126	1,006	24	…	…	1,701	6,751
21	4,453	311	181	137	1,021	24	638	94	1,460	8,138
24	4,956	374	217	142	1,019	29	782	71	1,327	8,700

図8-4　離職者の理由別離職教員数（公立中学校）

（出典）平成25年度学校教員統計調査.

に思われる。元々教育行為は，未成熟である子どもを教えることからストレスを含む行為ではある。しかし，本来は家庭で担わなければならない教育機能も今日の学校，とりわけ義務教育段階では背負ってしまっている状況である。

こうした状況のもと，学校教育には家庭，地域社会からさまざまな期待，要望が寄せられるようになっている。

2006（平成18）年に改正された教育基本法では新たに「家庭教育」（第10条），「学校，家庭及び地域住民等の相互の連携協力」（第13条）等についての条項が追加された。こうした動きの背後には，子どもたちの教育の責任を学校はもちろんのこと，保護者や地域社会でも負うていることを国民に再確認させる意図もあった。近年では文部科学省，各自治体教育委員会によっても家庭や地域の

第8章 教師の職場環境

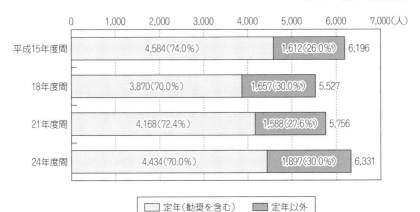

	定年(勧奨を含む)のため	病気のため	うち精神疾患	死亡	転職のため	大学等入学のため	家庭の事情のため	職務上の問題のため	その他	計
平成15年度間	4,584	89	…	139	380	19	…	…	985	6,196
18	3,870	103	…	121	360	17	…	…	1,056	5,527
21	4,168	117	69	133	335	17	227	31	728	5,756
24	4,434	137	74	111	445	14	263	40	887	6,331

図8-5　離職者の理由別離職教員数（公立高等学校）

（出典）平成25年度学校教員統計調査.

　教育力向上のプロジェクトが組まれ，コミュニティ・スクールの推進等，学校教育を家庭，地域で支える試みも進んでいる。

　教員の離職問題について，時系列でみると1980年代の校内暴力が多発した時期にも特に中学校教員の離職率が高かったが，校内暴力が沈静化した1990年代にはその数は低下した。その後今世紀以降離職率は再び上昇傾向にある。小学校教員については，この10年間で3倍近くの離職者数増である。近年の教育政策に伴う教員の多忙化，学校に無理難題を突き付けるモンスター・ペアレントの増殖等，いろいろな要因が考えられる。図8-3，8-4，8-5はそれぞれ小学校，中学校，高等学校における「離職の理由別離職教員数」を示している。どの学校段階においても2010（平成22）年の前回調査時より離職者は500人以上

表8-4 病気休職者の学校種別状況

(1) 学校種別
ア 病気休職者

	病気休職者A	在職者数B	A/B
小学校	3,860人	410,928人	0.94%
中学校	2,434人	237,568人	1.02%
高等学校	1,240人	187,559人	0.66%
中等教育学校	8人	1,475人	0.54%
特別支援学校	866人	82,187人	1.05%
計	8,408人	919,717人	0.91%

イ 精神疾患者

	精神休職者A	在職者数B	A/B
小学校	2,275人	410,928人	0.55%
中学校	1,544人	237,568人	0.65%
高等学校	704人	187,559人	0.38%
中等教育学校	5人	1,475人	0.34%
特別支援学校	550人	82,187人	0.67%
計	5,078人	919,717人	0.55%

(出典) 平成25年度公立学校教職員の人事行政状況調査.

表8-5 病気休職者の職種別状況

(3) 職種別
ア 病気休職者

	病気休職者A	在職者数B	A/B
校長	74人	34,190人	0.22%
副校長等	177人	38,285人	0.46%
主幹教諭等	142人	21,183人	0.67%
教諭等	7,630人	764,901人	1.00%
養護教諭等	251人	38,946人	0.64%
その他	134人	22,212人	0.60%
計	8,408人	919,717人	0.91%

イ 精神疾患者

	精神休職者A	在職者数B	A/B
校長	19人	34,190人	0.06%
副校長等	77人	38,285人	0.20%
主幹教諭等	72人	21,183人	0.34%
教諭等	4,730人	764,901人	0.62%
養護教諭等	103人	38,946人	0.26%
その他	77人	22,212人	0.35%
計	5,078人	919,717人	0.55%

(出典) 平成25年度公立学校教職員の人事行政状況調査.

表8-6 病気休職者の年代別状況

(4) 年代別
ア 病気休職者

	病気休職者A	在職者数B	A/B
20代	650人	94,655人	0.69%
30代	1,709人	178,441人	0.96%
40代	2,385人	255,922人	0.93%
50代以上	3,664人	303,903人	1.21%
計	8,408人	832,921人	1.01%

イ 精神疾患者

	精神休職者A	在職者数B	A/B
20代	513人	94,655人	0.54%
30代	1,102人	178,441人	0.62%
40代	1,511人	255,922人	0.59%
50代以上	1,952人	303,903人	0.64%
計	5,078人	832,921人	0.61%

(出典) 平成25年度公立学校教職員の人事行政状況調査.

増加している。

　理由別にみると,「病気のため」,「うち精神疾患」がそれぞれ小学校で3.2%と1.9%，中学校で4.3%と2.4%，高等学校で2.1%と1.1%という数字で，近年教職はうつ病等病気による離職者の多い職業の一つに数えられている。

　「平成25年度公立学校教職員の人事行政状況調査」によると，平成25年度に病気休職した教員は8,408人で在職者数91万9,717人の0.91%に当たる。そのうち精神疾患者は5,078人と在職者数の0.55%，病気休職者数の6割に相当する。

　職種別では校長，副校長等の管理職も病気休職者，精神疾患者に含まれるが，割合的に教諭が多い。

　年代別にみると病気休職者は50代以上の教員に多く，精神疾患者に関してはどの年代も在職者数の0.6%前後となっている。

　また「平成25年度公立学校教職員の人事行政状況調査」によると，平成25年度の希望降任制度による降任者が273人（校長からの希望降任が9人，副校長・教頭からが107人，主幹教諭からが157人）で6割弱が主幹教諭である。降任を希望する理由は健康上，職務上，家庭の事情など。家庭の事情には，老親の介護等さまざまであるが，前年度と比較して36人の増となった。

（2）教師の負担感の実相

　2013（平成25）年「教職員のメンタルヘルス対策について」（文部科学省）をまとめるにあたって為された事前調査において教師のもつ心理的負担についてその要因が分析されている。

　それによると校長等管理職では，校長は学校経営や保護者への対応について強いストレスを感じる頻度が比較的高く，具体的には，「強いストレス（不安，悩み含む）がありますか」との問いに，「常にある」「ときどきある」と回答した割合は，学校経営については約74%，保護者への対応については約65%となっていた。副校長・教頭は，「業務の量」や「書類作成」「学校経営」「保護者への対応について」で強いストレスを感じる頻度が比較的高く，具体的には，「業務の量について」約77%，「書類作成について」約74%，「学校経営について」約73%，「保護者への対応について」約62%が常にまたはときどき強いス

トレスを感じると回答している。

　教諭については，生徒指導や事務的な仕事，学習指導，業務の質，保護者への対応に強いストレスを感じる頻度が比較的高く，「生徒指導について」約68％，「事務的な仕事について」約64％，「学習指導について」約62％，「業務の質について」約60％，「保護者への対応について」約57％が常にまたは時々強いストレスを感じると答えていた。また，世代別では，60歳代を除いて全体的に年代が高くなるほど強いストレスを感じる傾向にあり，部活動指導については，30歳代の教諭が強いストレスを感じているという結果であった。

　教諭にあっては，生徒指導，学習指導の教育活動における両輪に加えて事務的な仕事，さらに保護者への対応に追われているという姿が，この調査でも浮き彫りにされる形となった。

　諸富は『教師の資質』の中で，教師の負担感に影響しているものとして上にあがっているものの他に同僚や管理職との人間関係を挙げている（諸富 2013）。その他の職場と同様，学校においても働き心地を左右する要因は，人間関係である。とりわけ教育活動において教師同士の協力体制が構築されているかどうかは，教師の心身の負担を軽減する鍵になるといってよい。

3　教師の権威失墜と教師と子どもたちとの間の教育関係の変化

（1）教師の権威失墜と「オレ様化する子どもたち」

　上にみた教師の不安や悩み，それに起因する休職，離職の状況の背景には，勤務時間の長さ等職場環境にかかわるものもあるが，その他の原因として「子どもの変容」も挙げられよう。こうした変容を背景とする子どもたちの「荒れ」に戸惑い，学習指導，学級経営において対応を苦慮している教員も多いことが，近年メディアを通しても伝えられている。

　「子どもたちの変容」は，厳密にいうと突然生じたわけではない。ある意味で社会構造の変化を背景にした戦後教育の産物であるといえる。諏訪は社会構造の変化に関連して子どもの変容を，「農業社会的な子ども」→「産業社会的な子ども」→「消費社会的な子ども」という流れで捉えている（諏訪 1999）。

戦後の子どもは後者に至る過程で，準拠枠となる「外部」を消失していたというのが諏訪の見立てである。こうした「外部」には家族や地域共同体が含まれている。

安部進命名の「現代っ子」は戦後的な子どもを肯定的に表現したものである。その中で戦後60年代の子どもは「まったく戦争とは関係なしに生まれ，テレビ，映画，マンガなどのマスコミ文化全盛のときに育ちつつある，また『金』という力の偉大さを身に直接感じ，一体どんなおとなになって，どう生きたらよいのかわからないときに，交通戦争にもひるまず，悪にうちかっていける子ども」（阿部 1962）として描かれている。60年代までの子どもたちによる問題行動は「非行少年」「不良」と呼ばれる子どもたちに特徴的な行動であった。70年代に入ると個人が共同体や家族から解放され，思考単位が個人主義化しはじめ，80年代に至ると「普通の子」が問題行動を起こすケースが増えてくる。全国的に広まった中学校における校内暴力のピークも70年代後半から80年代初頭にかけてである。80年代半ばには校内暴力はほぼ沈静化するが，代わって子どもの問題として登場したのが「いじめ」である。90年代になるといじめに加えて「不登校」の問題も深刻化する。この時期には子どもの凶悪犯罪も多発し，子どもの内面を象徴する言葉として「ムカつく」「キレる」という表現が用いられるようになった。学校教育において「学級崩壊」が起こり始めるのもこの時期である。

諏訪の区分けによると，60年代までの「農業社会的な子ども」にあってはまだ「外部」の社会規範が機能しており，「先生には従うべきだ」という教師の共同体的な権威も失墜してはいなかった。こうした社会規範とそれに支えられた教師の権威はその後徐々に損なわれていく。70年代の「産業社会的な子ども」は個を意識しはじめた世代である。しかしまだこの時期の子どもには相互のつながり，共同性がそれなりに形成されていた。個はそれなりに社会性を有していた。それが80年代以降「消費社会的な子ども」に至ると，社会的にも子どもたちが「個」として尊重され，しかもそうした個は他に服することのない独立したアトム的な個であるような，自立的権利主体となった。この時期から教師と子どもを対等に位置づけるロマン主義的教育論が支持を得る。個のなか

に共同性や社会性はもはやなく自閉的な個となった。

　こうした子どもの変容の背後には大人たちの変容も当然ある。2010（平成22）年の朝日新聞の特集で「孤族」がキーワードに挙がっていたが、他とのつながりをもたない自閉的（よくいえば「自立的」）な個人は、戦後日本において共同体的なものが破壊された結果の産物ともみなせる。血縁や地縁を、個人を縛るものとして断ち切った末に社縁までも失った個人（孤族）の登場である。

　教員の権威の失墜も、マクロな視点でみたときに、戦後におけるパターナリズム批判のなかに位置づけることができる。パターナリズムとは強い立場にある者が、弱い立場にあるものの利益になるようにと、本人に代わって意思決定し、場合によっては本人の意思に反して行動に介入、干渉することを意味する。施設中心主義、すなわち医療や福祉サービスが施設の中で為され、その中で当事者のニーズよりも専門職者の専門性に基づく判断が重視されるような考え方にもパターナリズムは含まれていた。パターナリズム批判は、日本においては戦前の家父長制度と結び付けて批判されてきた経緯がある。1980年代後半以降、医療現場で「患者様」という呼称の登場、福祉現場における「利用者本位」という考え方も、学校現場における教員の権威失墜と連動している。専門職者には少なからずパターナリズム的性格がある。それは専門の範囲内で他者に対して負う責任と関連した態度である。教育の場合は、「強い立場にある者」は教師、「弱い立場にある者」が児童、生徒、学生ということになろう。パターナリズム批判は、「強い立場にある者」と「弱い立場にある者」との関係をフラット化する方向に働いてきた。

　こうしたパターナリズムに代わって登場したのが顧客（至上）主義である。客におもねるだけで専門職者としての責任を放棄した態度である（「自己決定」という耳に心地の良い言葉の裏には専門職者によるこうした態度がある）。学校教育がサービスとしてとらえられるようになったのもこうした顧客（至上）主義の影響による。子どもたちや保護者が学校に対して、サービスを受ける権利主体、市場における消費主体（「お客様意識」）のような感覚を強くもつと、自分の気に入らないサービスの提供に対して、拒否したり、批判的な態度をとったりするようになる。とりわけ保護者にしてみれば、たとえば私立学校に対

しては,「高い授業料を払っているのだから」,公立学校に対しては「税金から給料をもらっているのだから」という理由で,消費者,納税者である自分たちの子どもに関連したさまざまな要求が通って「当たり前」と考える傾向が強くなっている。

　子どもたち一人ひとりのニーズに合った教育はもちろん重要である。しかし子どもたちの成長を促すために,教育には少なからず,彼らに不自由を強いる側面があることを忘れてはならない。考えてみれば,教育,殊に学校教育には至る所にこうした不自由が存在する。決まった時間に登校し,みんなと一緒に同じことを勉強する。しかも多くの場合は自分の席にある一定の姿勢を維持しながら着席しておくことが求められる。ここでは自分の好きな内容を自分の好きな時間に自分の好きな恰好で勉強するという意味合いでの自由は認められない。教育という行為自体が「ありのままの自分」（人間本性；human nature）から文化を備えた自分（人間文化；human culture）への変容することを促す行為であり,その意味では人間を自然状態から不自然な状態にするのが教育である。不自然を強いるわけであるから当然受ける側である子どもたちから反発も生じよう（変わることより変わらずいられる方が楽である。生まれたままの姿で生きていけるのであるなら教育は要らない）。こうした反発を抑えて教師の指導言に従うよう方向づけてきたのは,ひとえに「外部」にある社会規範に支えられた教師の権威であった。「外部」となる共同体が機能している時代には,内心ではどうあれ,教師にはある程度の敬意が払われていた。学校に通うのが「当たり前」だった時代である。

　学校の自明性が消え,教師の権威も失墜した今となっては,「市民」として子どもたちは対等な関係で教師と対峙しようとする。こうした子どもたちは生徒学生のもつ,教師から物事を教わる未成熟者としての側面ではなく,教育を受ける権利をもつ権利主体の側面を強調する。それはまさに「オレ様化」した子どもたちである。

（2）教室の空気に合わせる「友だち先生」
　変容したのは子どもたちだけではない。教師自体も変容している。教師のな

かには成熟した大人として未熟な子どもたちに屹立することを辞め，子どもたちの多数の希望や考えに合わせるという教室空間におけるマジョリティ重視になっている者もいる。「ダメなものはダメ」，「正しいことは正しい」ではなく，教室の空気によって行動決定してしまう教師である。こうした教師は多数の子どもたちの意見におもねることによって学級経営を行っている「友だち先生」である（菅野 2010）。ただしこうした教師の姿勢も，上にみた教師の権威の失墜によって生み出されたものだとすると，教師の側にだけ批判の矛先を向けるのはフェアではないかもしれない。教師の権威を支える「外部」が消失している場合，極論すれば，教室においてひとりの教師は「丸腰」で多数の子どもたちと対峙している。そうした環境においては，空気（マジョリティの支配）に屈せざるを得ないのが実情であろう。ひとり勇猛果敢に立ち向かうこともできようが，場合によってはクラスの空気に抗う場合，教師といえども孤立したり，攻撃の対象になる可能性がある。教室内における子どもたちの序列づけ，いわゆる「スクール・カースト」を学級経営に利用している教師に「友だち先生」は多い。

　土井は『友だち地獄』の中で，教室空間で空気を読むことに神経をすり減らしている今日の子どもたちを浮き彫りにしているが，空気を読むことに神経をつかっているのは子どもたちだけではなく，教師のほうも使わざるを得ない状況になっている（土井 2008）。こうした現状は，教師の権威失墜による教師と子どもたちとの間の教育関係の変化も一因となっている。

4　保護者対応

　第2節でみたように，精神的に追い詰められた教師が心療内科や精神科を受診するケースが増えている。前掲の離職者数，休職者数のうち，うつ病などの精神疾患だという調査結果は，心を病む教員の増加を物語っている。教室空間における教師と子どもたちとの間の教育関係の変化とともに，教師の精神疾患の一因になっているのが保護者対応である。より正確にいえば，モンスター・ペアレントへの対応である。ちなみに尾木はモンスター・ペアレントを「わが

子中心モンスター」（過保護・過干渉の親），「ネグレクト・モンスター」（育児放棄の親），「ノーモラル・モンスター」（倫理・道徳なき親），「学校依存モンスター」（精神的自立を遂げていない親），「権利主張モンスター」（権利をはきちがえている親）の五類型に分類している（尾木 2008）。片田によれば，こうした「モンスター」と呼ばれるいずれの親たちも「未成熟」「他責（的）」という言葉で括られる（片田 2010）。

　自己の主張が受け入れられるまで，何時間も苦情を申立て，深夜，早朝と時間を選ばず，何度も電話をかけてくる。この種の保護者が増加しているという印象は今日の日本社会で共有されている。こうした「苦情」のなかには理不尽な要求も含まれる。子ども同士の些細なけんかから「相手の子どもを転校させてほしい」，「給食が子どもの口に合わない」といって給食費を不払い，「塾に間に合わないから」といって学校時間の短縮を要求したり，子ども同士のボール遊び中にけがをして「けがをしたので慰謝料を払え」といってみたり，「クラスメートから悪口をいわれた。担任の指導がなっていないからだ。土下座して謝れ」と担任に詰め寄った事例。「修学旅行の集合写真でうちの子を真ん中にしてほしい」「部活でうちの子をレギュラーにしてほしい」「学芸会でうちの子を主役にしてほしい」等々，モンスター・ペアレントの語録ができそうである。ある小学校のPTAにおいて夏休み中に児童にプールを開放するために保護者に監督員の協力を求めたところ，保護者からは「学校施設内で子どもたちの安全を守るのは教員の責任だ」といわれて協力が得られず，プール開放をPTAが断念したという話を聞いた。PTAのこの苦渋の決断に対して，その後，協力を渋っていた保護者から学校側に「教員が監督をしないせいで夏休みにプールで子どもが泳げない」と苦情が寄せられたそうである。今日ではこうしたモンスター・ペアレントの事例には事欠かない。彼ら彼女らに共通しているのは，「悪いのは先生」「悪いのは学校」という他責的な世界観である。保護者の中には学校を飛び越して，直接教育委員会や文部科学省その他の団体に苦情を持ち込む場合もある。

　最近では「モンスター・ペアレント」に関連した訴訟も散見される。2013（平成25）年に，母親が学校側に子どもの成績表の評価を上げるよう求め，地裁

が「請求権がない」として，訴えを却下するという行政訴訟があった。これは保護者が訴えたケースであるが，教員側からの提訴もある。同年に保護者から一方的に暴力をふるわれたとして，教諭が保護者を相手取って損害賠償を求める訴訟が起こし，保護者が実刑判決を受けるという結果になった。

もちろん保護者からの苦情にはちゃんとした主張もあるが，度を越した脅迫まがいの暴言，理不尽な要求に対しては，教員は毅然とした態度で臨まなければならない。その際に，教員（特に経験の浅い教員）は独りで問題を抱え込まず，管理職等経験豊富な教員に相談をして，迅速な対応のための的確な助言を得ることも必要である（保護者から寄せられる苦情等には学級，学校改善への重要なヒントも含まれている場合もあるので，苦情が寄せられた場合は，苦情の中身を吟味し，正確に把握した上での対応が必要である）。

5　学校教育の軌道修正の必要性

以上，本章においては「OECD国際教員指導環境調査（TALIS）」「学校教員統計調査（平成25年）」「公立学校教職員の人事行政状況調査（平成25年）」を参照しながら教員の勤務実態の過酷さを描いたうえで，その背景となる対子ども，対保護者との関係の変化を中心にみてきた。

戦後日本における教師と子ども，学校と家庭，地域との関係は，農業社会から産業社会，消費社会へと社会構造が変貌していくに従って変化した。その過程で教師の権威は失墜し，教師と子どもの距離は，良い意味でも悪い意味でも縮まった。保護者，地域社会との関係についても，教師はかつてほど敬意をもたれてはいない。保護者によっては，「先生」としてというより，「サービス提供者」と見なしていることすらある。

他方で教師による信用失墜行為も近年では多発している。文部科学省によると，2013（平成25）年度に児童・生徒に体罰を加えたとして教職員3,953人が懲戒免職や訓告などの処分を受けており，わいせつ行為による懲戒は205人に上ったことが報告されている。

こうした状況にあって，教師の側でのコンプライアンスの重要性は言わずも

がなであるが，教師を取り巻く社会環境の側でも，対教師の関係改善のための努力が必須である。具体的には教師がもう一度自信をもって子どもたちの教育においてその専門性を発揮できる職場環境の整備である。こうした環境整備はひとり学校の努力によって達成されるものでもない。

　ある自治体の教育振興基本計画策定に際しての，市民へのアンケート調査の回答の自由記述欄に「先生方の子どもたちへ向き合う姿勢」について次のようなコメントが寄せられていた。「先生が何に対しても逃げ腰……親を怖がり，何も新しいことに取り組もうとしない。……子どものことを良くしようと思う気持ちで親とぶつかりあうぐらいの先生であってほしい」。この意見は保護者，地域住民からの教員へ向けての熱い応援メッセージでもある。「子どものことを良くしようと思う気持ち」は教師のみならず保護者や地域住民にも共有されている。こうした気持ちの共有を前提として，三者が連携していくことが重要である。

　個々の教師について言えば，教師と子どもとの関係を組み直す努力が必要かもしれない。菅野が推奨するように，子どもたちとの人間関係を「人柄」と「事柄」とに分けて考える視点が今日の教師には必要である（菅野 2010）。「空気」が重視される教室にあっては，いきおいフィーリングを共有することが目的化してしまうが，学校は元々ルールで成り立っている組織であり，そうしたルールは子どもたちを自然なままにしておかない性質のものである。学校は「ルーチンの場」であり，行事日程，時間割に則り，粛々と日々の学習活動が行われており，必ずしも子たちの欲求充足を保障する場所ではない。そのことを踏まえながら，あえて子どもたちに不自然を強いる勇気が今後の教師には必要なのではなかろうか。

参考文献

阿部進（1962）『現代っ子採点法——親があっても子は育つ』三一書房．

尾木直樹（2008）「アンケート調査報告「モンスターペアレント」の実相」『法政大学キャリアデザイン学部紀要』第5号：99-113．

小浜逸郎（2004）『正しい大人化計画——若者が「難民」化する時代に』ちくま新書．

片田珠美（2010）『一億総ガキ社会——「成熟拒否」という病』光文社新書．

国立教育政策研究所（2013）「OECD国際教員指導環境調査（TALIS）のポイント」
菅野仁（2010）『教育幻想——クールティーチャー宣言』ちくまプリマー新書.
諏訪哲二（2001）『オレ様化する子どもたち』中公新書ラクレ.
諏訪哲二（1999）『学校はなぜ壊れたか』ちくま新書.
土井隆義（2008）『友だち地獄——「空気を読む」世代のサバイバル』ちくま新書.
広田照幸（1999）『日本のしつけは衰退したか——「教育する家族」のゆくえ』講談社現代新書.
A. R. ホックシールド，石川准訳（2000）『管理される心——感情が商品になるとき』世界思想社.
諸富祥彦（2013）『教師の資質——できる教師とダメ教師は何が違うのか？』朝日新書.
文部科学省（2005）「地域の教育力に関する実態調査」.
文部科学省（2013）「学校教員統計調査（平成25年)」
文部科学省（2013）「公立学校教職員の人事行政状況調査（平成25年)」
文部科学省（2013）「教職員のメンタルヘルス対策について」
「教員の勤務時間，減らず——「全連小調査」8年で20分増」『日本教育新聞』（平成27年3月2日月曜日）.

（山本孝司）

第9章

教職の歴史

本章では，日本の教職の歴史を古代から現代まで通史の形で展開する。そのことにより，教師という職業の変遷が可視化できるだけでなく，結果的に現代日本社会における教師という存在の位置づけの必然性もまた深く理解できることになる。さらに近・現代日本における教育的諸問題がどのようにして生じてきたかという歴史的端緒も見出す事が可能となる。その意味で本章では，教職の歴史を通史として鳥瞰することの教育的意義が近・現代日本の教育的諸問題を考察するうえで，きわめて深いことを再認識することを試みたい。

1 古代から近世までの学校と教師

(1) 古代：儒教と仏教の伝来

日本における組織的な教育は，大陸から文字や文化が伝播されることによって開始された。『古事記』(712)と『日本書紀』(720)に従えば，4～6世紀頃にかけて百済の博士，王仁が「論語」10巻と，異なった1000字の漢字を四言古詩250句にまとめた「千字文」1巻を持って渡来した。さらに五経博士（易経・書経・詩経・春秋・礼記に通じた学者）が来朝し，文字をはじめ思想，学術，工芸の進歩を促した。

607年，推古天皇の摂政で仏教を篤く信仰していた聖徳太子（574～622）は小野妹子（生没年未詳）らを遣隋使として派遣して大陸文化を積極的に摂取し，また彼は7世紀初めに学問寺である法隆寺を建立した。さらに「冠位十二階」や「十七条の憲法」(604)などを制定した。特に十七条憲法は，聖徳太子の手になる日本最古の成文法である。たとえば，和を尊ぶべきこと，仏教を尊信

することなどが示された。主著に社会倫理の教本で，三経典の注釈書である『三経義疏』(611〜615) がある。

（2）奈良時代：大宝律令の学制

奈良時代には，唐の律令制度を模範とした日本独自の中央集権国家が展開された。701（大宝元）年の大宝律令およびその改訂版である718（養老2）年の養老律令のなかに「学令」があり，そこには官吏の養成のために都に大学を，地方の国ごとに国学を設置することが定められていた。

日本最古の官立学校の記録は，現存最古の漢詩集『懐風藻』(751) の序文のなかにあり，それによると天智天皇の命により，671年前後に「庠序」（学校）が建てられた。また『日本書紀』には，同天皇が「学職頭」（学校の長官）として百済人の鬼室集斯を任じたとされている。さらに676年『日本書紀』の天武天皇の記事には，大学寮の文字がすでに確認されている。

たとえば文章道の菅原氏や大江氏に見られるように，古代から中世にかけて，「家学」という形で，世襲制を通じて日本の学問は伝承された。彼らは世襲制という形態で教師を独占し，ここに教職を「天職」と考える根拠が見出すことができ，こうした古代から中世にかけての習慣は，やがて中世芸能文化の世襲制として継承されてゆく。

（3）平安時代：平安の仏教と貴族

平安時代に入ると，仏教界にも新風が巻き起こり始める。最澄（767〜822）は，804年に入唐し，805年に唐から帰朝してから天台宗を開いた。諡号は伝教大師で，かれは僧侶の学習課程として山家学生式を制定し，人材養成を目指した。

また，讃岐の出身の空海（774〜835）は，804年31歳で入唐し，806年に唐から帰朝して真言宗の開祖となる。諡名は弘法大師で，三筆の一人でもある。816年に高野山に金剛峰寺を建立。さらに828（天長5）年頃には，庶民のための学校「綜芸種智院」を京都の東寺の一角に完成させた。主著は『三教指帰』。

大化の改新以後，古代の氏族社会が消滅し，しだいに貴族という支配階級が

生じるようになった。こうして平安時代の貴族には儒教的な教養を身につけると同時に,「もののあはれ」のことばに象徴されるような美的情調を鑑賞・表現する能力が求められた。特に漢詩・和歌・音曲に秀でることが教養の理想とされ,これを船にたとえて「三船の才」という日本独自の形態として,詩・歌・管弦の三つにまとめられようになる。

(4) 中世の武家教育

　中世は,源頼朝が鎌倉に幕府を開いた1192（建久3）年から徳川家康が江戸に幕府を開く1603（慶長8）年までの鎌倉時代,室町時代,安土桃山時代が含まれる。(鎌倉時代の始期については,源頼朝が守護・地頭を設置した1185（文治元）年という説もある。)

　武士に求められる徳目で一番重要なのは,主君に対する絶対の忠節と武勇であった。また中世の武士社会で,武家には家ごとに家訓が存在した。家訓とは,戦国時代の乱世にあって,大名や武士が自分の子弟の教育のために作った訓戒の書であり,武士の理想的人間像が提示されている。中世武家の家訓の代表例としては,『朝倉孝景条々』『北条重時家訓』（極楽寺殿御消息),『竹馬抄』などが有名である。

　中世の武士による代表的な教育施設として,武蔵国（神奈川県）の金沢文庫と,下野国（栃木県）の足利学校が挙げられるだろう。金沢文庫は,鎌倉時代の1275年頃に北条実時（1224-1276）が創設したといわれる代表的な武家文庫で,僧侶養成のための講義も実施された教育施設である。足利学校は,1432年頃後花園天皇の御代に,関東管領の上杉憲実（1409-1466）が再興したといわれている中世の代表的な高等教育機関である。

2　近世（江戸時代）の学校と教師

(1) 武士の教育

　中世（鎌倉時代）の武士と異なり,近世（江戸時代）の武士は確立された幕藩体制のもとで高い教養を習得することが求められた。徳川幕府の直轄学校で

は，孔子の唱えた倫理政治規範を体系化した儒学（朱子学）を中心に学ぶための最高学府である江戸の「昌平坂学問所（しょうへいざか）」を挙げる必要があるだろう。

　そしてこれをモデルとして，全国諸藩の藩学校が，藩士やその子弟を教育するために設立された。そこでは儒学の他に洋学を含め，算術，医学，天文学，語学，兵学等の実学が教授された。幕末期になると藩学校は，約300校に増え，その多くが明治維新後に創設された「中学校」の前身となる。会津の日新館，米沢の興譲館，萩の明倫館，熊本の時習館，鹿児島の造士館，水戸の弘道館等が有名である。

（2）庶民の教育

　他方で，庶民対象の自然発生形態の学校が「寺子屋」と呼ばれた。商工業が複雑になるにつれて，手紙や売買の記帳，算盤（そろばん）が必要となり，こうした能力養成に対応したのが寺子屋であった。寺子屋は一般庶民の生活要請から生じたもので，教師は，僧侶・武士・神官等で，さらに学問を深く身につけた女性を含む庶民等も存在したという。寺子屋をはじめ初等教育施設は全国に普及し，それらの教育水準は先進諸国に匹敵するものであるといわれた。

　寺子屋は江戸時代中期に生まれたといわれているが，それは室町時代中期以降の寺院の庶民教育にその起源を見ることができる。寺子屋は寺院だけでは収容できなくなり，神官，書家，医者，武士等が私塾を開いてそれを分担するようになった。また諸藩や民間有志が藩の許可を得て設立したものに，郷学（武士の子弟が対象）があり，これは寺子屋とともに全国的に増加していった。有名なものに岡山藩の閑谷黌（こう）があり，庶民の子弟も学ぶことができた。

　近世の特徴の一つとして，教育水準の高い私塾が発展したことである。代表的な私塾としては，中江藤樹の「藤樹書院」，伊藤仁斎の「堀川塾」，広瀬淡窓の「咸宜園（かんぎえん）」，吉田松陰の「松下村塾（しょうかそんじゅく）」などが挙げられよう。「松下村塾」からは久坂玄瑞，高杉晋作，伊藤博文，山縣有朋等が輩出している。これらの私塾に共通した教育とは，教師の教えが徹底しており，師弟の信頼関係が深かったという点である。

（3）洋学の発達

　鎖国を継続していた江戸幕府は，ようやく1720（享保5）年に，キリスト教関連の洋書の輸入を認めた。さらに幕末には西洋諸国との関わりが急増し，洋学への関心はさらに深まるようになる。前野良沢(りょうたく)や杉田玄白は，ドイツの解剖図譜をオランダ語に訳した『ターヘル・アナトミア』（1734）を重訳し，『解体新書』（1774）という邦題で刊行した。

　1823（文政6）年に長崎の出島のオランダ商館付医師として来日していたドイツ人のシーボルトは翌年に長崎郊外で鳴滝塾を開き，医学や動植物学を教授した。さらに緒方洪庵は医師を志し，大坂に蘭学の適塾を開き，門弟に福沢諭吉らが輩出した。福沢諭吉は後に「慶応義塾」を開いた。彼の主著「天は人の上に人を造らず　人の下に人を造らず」で知られる『学問のすゝめ』（1872）は当時のベストセラーになるほどであった。

3　明治・大正期における学校と教師

（1）明治期の学校と教師

　王政復古の大号令（1867）により，統治権が江戸幕府（徳川慶喜(とくがわよしのぶ)）から朝廷に移管された。その翌年の1868（慶応4）年に維新政府が「五箇条の御誓文」を宣明し，欧米近代文化を導入し，国家の発展を推進していく。1871（明治4）年には廃藩置県が行われ，同年文部省が設置された。

　わが国の教員養成が本格的に開始されるのは，1872（明治5）年の「学制」の制定以降である。フランスの制度を参考に構想された「学制」は，小学校教員の資格について，男女ともに年齢20歳以上で，師範学校卒業免状または中学免状を取得した者でなければその職につけないと謳(うた)った。1872（明治5）年5月に東京に官立師範学校（明治6年，東京師範学校に改称，東京教育大学，現在の筑波大学へと変遷）が設立された。

　明治20年頃までは師範学校の卒業生は希少価値をもっていたので，新しい教育を求めていた親たちは地元の小学校に師範出身の若い教師を強く要請した。たとえばようやく一人の師範出の教師を迎えることのできた村では，村長以下

の幹部が羽織袴で盛大に出迎えたというエピソードは，当時の教員が日本社会にとって貴重な存在であった事情を彷彿(ほうふつ)とさせる。

（2）明治期の教員養成

　明治政府は，1871（明治4）年に文部省を創設し，全国の教育事務を掌握すると同時に「学制」についての準備を開始した。「学制」とは日本の最初の近代学校に関する基本法令であり，近代学校の成立発展の基礎となった。1872（明治5）年の「学制」は政府の準備不足もあり，翌年の就学率は28％という低調さにとどまった。「学制」は，近代国家建設の意気込みを示す壮大な構想であったが，現実社会との間にあまりにも乖離(かいり)が激しく，多くの困難と批判が生じた。

　そこで1879（明治12）年の「教育令」（自由教育令）以降，「国民皆学」を目指し，その結果，明治後半までにはほぼ「国民皆学」の目的が達成された。ここで小学校の教師は，新文化，新思想への啓蒙，新聞や政府筋からの通達の解説など，近代日本の文明開化を国民の末端まで浸透させるための大きな役割を担うことになる。自由教育令は実情に即して地方の自主性を尊重した教育振興を目指したものの，結果的にはかえって混乱が生じ就学率も低下してしまった。

　明治初期は欧米中心の文明開化時代で自由民権が拡大したが，すぐに保守反動の思想が台頭し，翌1880（明治13）年には自由教育令にとってかわった「教育令」（改正教育令）に改正され，強制主義の教育へと転換されていく。この頃を境として教師の社会的立場や教員養成のあり方も変化し始め，強い国家統制下で実施されるようになる。特に天皇を中心とする「皇国主義」を学校教育で徹底させることになるのは，1890（明治23）年の「教育勅語」発布以降のことである。

（3）明治期の師範学校教育

　日本が近代国家としての体制を整えるのは，明治10年代末から20年代初頭であり，具体的には1885（明治18）年の内閣制度の創設，1889（明治22）年の大日本帝国憲法の公布等においてである。近代的工業生産の基礎が完成し，教育に

おいても国民教育の基礎が定まるようになる。

　初代首相の伊藤博文に請われて，初代文部大臣に森有礼（1847-1889）が就任した。彼は，自由闊達な師範学校を一変させたといわれている。森は外交官として欧米列強の実態を見聞しており，はやくから近代日本の存立に危機意識をもっていた。帰国後は福沢諭吉らとともに明六社を起こし，啓蒙思想を普及させた。森文相は師範教育制度の改正に立ち上がり，1886（明治19）年4月，「師範学校令」を勅令として公布し，教育目的を国家主義に焦点づけた。師範教育の三気質である「順良・信愛・威重」の涵養は森文相の師範教育の基本姿勢となった。森は，知識教育よりも人物養成に力を入れ，兵式体操を導入する等，生徒に軍隊精神を教え込む教育を重視した。こうして師範教育はしだいに国家統制の傾向を強めていく。しかし森の採った近代国家主義は，国粋保守主義者の反感を買い，1889（明治22）年憲法発布当日に凶刃に遭い，翌日死去した。

（4）大正期の自由な教師像

　大正期から昭和初年にかけて，明治以降の新しい教育が成熟期を迎え，世界的なデモクラシー思想と新教育運動の影響を強く受けることとなる。こうした民主的で自由な風潮を受けて，ルソーの自然主義教育をはじめ，ペスタロッチなどの近代教育思想も普及した。さらに労作教育の思想やモンテッソーリ法等はこの時期の教育に大きな影響を与えた。しかしながら，こうした子ども中心の自由主義的な教育は，主として私立学校や師範学校の附属学校において試みられるものにすぎなかったこともまた事実である。

　この時期の私立のいわゆる「新しい学校」として有名なものを任意に挙げると，沢柳政太郎の「成城小学校」（1917）で自由・自然主義教育が，羽仁もと子の「自由学園」でキリスト教的自由主義教育が，小原国芳の「玉川学園」（1933）で全人教育が実践された。

　1921（大正10）年頃には「八大教育主張」といわれる新教育運動も展開した。「八大教育主張」とは，大正10年，大正デモクラシーの風潮を背景に民間の一出版社が大正新教育運動を代表する8名を招待して東京で開催された講演会での主張のことである。それは明治期の形式的注入主義を排し，子どもの自主活

動と創造的な学習を強調している。また鈴木三重吉の雑誌『赤い鳥』による児童文学運動は，新しいつづり方運動で，従来の文型主義の学校作文をおおきく改めて，自由作文・自由詩・童謡等を取り入れた。

4 太平洋戦争前後における学校と教師

(1) 昭和前期の教師像

　大正期の後半から昭和初年には，社会主義思想が浸透し始め，教育界にも影響することとなる。こうした状況に対して，政府は抑圧政策を実行するようになる。大正後期には「陸軍現役将校学校配属令」等が出され，教育は国家主義的・軍国主義的な色彩が強くなる。第一次世界大戦（1914～1918）は日本に好景気をもたらしたが，昭和初期の世界大恐慌のために，極度の経済不況が日本に襲いかかり，やがて軍部を中核とした全体主義が勢力を伸ばすようになる。

　1931（昭和6）年に満州事変が勃発し，日本は戦時体制に突入する。このことは1943（昭和18）年に一部改正された「師範教育令」第1条に「師範学校ハ皇国ノ道ニ則リテ国民学校教員タルヘキ者ノ錬成ヲ為スヲ以テ目的トス」と述べられていることからも明らかである。こうした軍国主義ファシズムのなかで，1933（昭和8）年の左傾の赤化教員が大量に検挙され，その数は300人を超えるものであった。また一般社会でも言論や出版の自由は極度に制約され，他方では，天皇中心の国民精神を高揚する運動が強化され始める。

(2) 国民学校令と師範教育

　文部省は『国体の本義』（1937），続けて『臣民の道』（1941）を刊行して，統治権の主体は天皇にあるとする「国体明徴」の教育を推進した。1941（昭和16）年に太平洋戦争が始まると「国民学校令」が公布され，従来までの「小学校」という名称がなくなり，「国民学校」と呼ばれるようになる。その目的は「皇国ノ道ニ則リテ初等普通教育ヲ施シ国民ノ基礎的錬成ヲ為スヲ以テ目的トス」と明記され，国民学校では，錬成や団体訓練に重きが置かれた。皇国民錬成の教育精神のもと，1943（昭和18）年には「師範学校令」が改正され，ここで教

師に求められたのは「私」を捨てて天皇制国家に滅私奉公する「臣民」をつくり出すことであった。

（3）太平洋戦争中の教師像

1941（昭和16）年，太平洋戦争が勃発し，日本は「聖戦」貫徹の大義名分のもとに，教育は完全に軍の統制下に置かれることとなった。戦時における労働力を確保するために，文部省は，1938（昭和13）年に中等学校以上の学生・生徒に簡易な勤労作業を実施することになった。これがいわゆる「学徒動員」である。また1943（昭和18）年には，大学および高等・専門学校在学者は，理工系を除き，徴兵延期を認めないこととなり，一斉に軍隊に徴集された。これがいわゆる「学徒出陣」である。戦局が不利になり，本土空襲が激化するようになった1944（昭和19）年，政府は一般疎開とは別に東京都区部の国民学校初等科3年以上6年生までの児童の疎開を進めることを決定した。これがいわゆる「学童疎開」である。さらに1945（昭和20）年3月には「決戦教育措置要項」の閣議決定によって，国民学校初等科を除いて，学校の授業は，昭和20年4月1日から21年3月31日まで停止した。このように，学校教育はほぼ空白状態のまま，数か月後に終戦を迎えることとなる。

（4）終戦直後の教師像

1945（昭和20）年8月，日本はポツダム宣言を受諾して太平洋戦争は終結した。連合国軍の占領下においてあらゆる体制が転換され，教育も同様の状況となった。敗戦後，真実を教えるべき教師が，戦時中誤ったことを教えたことへの自責の念から，教壇を去った者も少なくなかった。「背広の軍人」として「忠君愛国」「鬼畜米英」を唱え，皇国思想を吹聴してきた教師にとって，敗戦は180度の思想転向を迫るものであった。

明治以来，小学校教員の養成機関は「師範学校」が，中等学校教員のそれは「高等師範学校」が担当していた。しかし第二次世界大戦で敗戦した反省を経て，戦後教育改革における初等・中等の教育は，「師範教育」を排除することから出発し，「開放制」の概念が中核を占めることとなる。この「開放制」の

動きは戦前の師範教育に対する厳しい批判,すなわち国家権力や国民道徳の宣伝道具になるような教師を養成してきたことへの批判を意味した。

　新しい憲法は,それまで臣民の「義務」とされていた教育を,すべての国民の「基本的人権」として保障することを憲法第26条で明確に規定して,教育理念の大転換を打ち出した。1945（昭和20）年8月,終戦を迎えた日本は「戦時教育令」を廃止して,「新日本建設ノ教育方針」を発表し,新しい教育への歩みを始めた。非軍事化と民主化をめざした連合軍最高司令部（GHQ）は,教育界から軍国主義者を追放し,修身・日本歴史・地理の授業を停止した。

参考文献
伊藤一雄他編（2005）『教職への道標』サンライズ出版.
小島弘道他編（2003）『教師の条件』学文社.
吉田辰雄他編（1999）『教職入門——教師への道』図書文化.
武安宥編（1989）『かかわりの教育』福村出版.
武安宥編（1995）『教育のロゴスとエロース』昭和堂.
津留宏著（1978）『教員養成論——よい教師とは何か』有斐閣.
教師養成研究会編（1990）『近代教育史』学芸図書.
教師養成研究会,森秀夫著（2005）『教育史　西洋・日本』学芸図書.
清水一彦編（2006）『最新教育データブック』時事通信社.
広岡義之編著（2014）『教職をめざす人のための教育用語・法規』ミネルヴァ書房.
　　　　　　　　　　　　　　　　　　　　　　　　　　（広岡義之）

5　戦後の学校と教師

（1）終戦から独立回復まで

　戦後の教育史は,1945（昭和20）年8月の終戦からの連合国軍の占領下の時期と1952（昭和27）年の独立回復以降の2つの期間に分けることができる。そして,戦後日本の教育改革はこの占領下の時期におおむね基本となる路線がしかれたといえる。しかし,終戦の処理と旧体制の清算におわれ,新しい教育理念の普及・啓発も進められるが,当初は本格的な教育改革まではいまだ及ばな

かった。

　戦争末期の学校教育は,「学徒動員」「学童疎開」にみられるように,ほぼ停止もしくは実質的にその機能を失っていた。このような状態で終戦を迎えた文部省はただちに教育の戦時体制を解除して平時の状態に戻す措置をとった。そして,1945(昭和20)年9月,「新日本建設ノ教育方針」を発表し戦後教育の基本方針をあきらかにした。その後,戦後日本の非軍事化,民主化を目指した連合国軍最高司令部(GHQ)が同年10月から12月にかけて,「日本教育制度の管理」以下4つの指令をだした。それにより,教育界からの軍国主義者の追放と,修身,日本歴史及び地理の授業の停止などが行われた。また,1946(昭和21)年4月には「第一次米国教育使節団報告書」が発表され,戦後の教育改革を積極的・包括的に方向づけた。そしてそれに準じた形で,同年5月に「新教育指針」が発表され,これらに基づく諸施策がだされた。また,1946年8月には内閣に教育刷新委員会(のちに教育刷新審議会と改称)が設置され,審議や建議をもとにして新教育制度の基礎となる重要な法律が制定・実施されることとなった。

　戦後の民主的教育体制の確立および教育改革の実現にとって最も基本的な意義をもつものは,「日本国憲法」と「教育基本法」の制定といえる。「日本国憲法」は1946(昭和21)年11月3日に公布され,翌1947(昭和22)年5月3日から施行され,男女平等,教育の機会均等を謳った。またこの第三章「国民の権利及び義務」の中に教育に関する事項が取り上げられており,第26条には「すべて国民は,法律の定めるところにより,その能力に応じて,ひとしく教育を受ける権利を有する。② すべて国民は,法律の定めるところにより,その保護する子女に普通教育を受けさせる義務を負う。義務教育は,これを無償とする。」と規定された。これにより教育に関する定めは憲法の理念に基づき法律により定められるようになり,教育立法は戦前の勅令主義から法律主義に転換した。これに伴って「教育基本法」も1947年3月に制定された。また,これらの審議において教育勅語の取り扱いが問題となった。そこで,わが国教育の唯一の淵源とする従来の考えを去り,式日等での拝読の慣例をやめ,保管・取扱に当たっても神格化しないことを明らかにした。このような動きと並行して学

校教育制度再編も動き出していた。1947年3月31日には「学校教育法」が公布され，翌日4月1日から施行された。これによって学校体系を「複線型」から「単線型」へ再編し，義務教育を6・3制の9ヵ年・男女共学・原則全日制とし，それに続く高等学校，大学を原則3年制，4年制とした，6・3・3・4制が確立してきた。

（2）独立回復以降

　1952（昭和27）年4月，サンフランシスコ平和条約の発効によって，国際法上，日本と多くの連合国との戦争状態が終結し，日本の主権は回復された。これにより戦後の民主化教育は日本政府の手に引き継がれることとなった。ただ，占領下の時期に民主主義を基調とするわが国の戦後の教育改革の骨組みは成立したが，その実質的な整備はこの時期に持ちこされていた。占領下での政策について必要な是正措置が行われ，また新教育制度の充実のための諸政策が進められた。6・3制も次第に定着していった。1953（昭和28）年には「義務教育費国庫負担法」が成立し，教職員給与や教材費の一部補助制度が始まり，1954（昭和29）年には「理科教育振興法」「学校図書館法」が制定され理科設備，図書等の充実が図られた。このほかに教育の機会均等を保障し，6・3制の義務教育を充実するために次のような領域の施策が講じられた。一つは，1956（昭和31）年に教科書費および給食費についての国の援助の措置が始まり，修学旅行費，学用品費，通学費等の補助に拡大されている。二つは，「へき地教育振興法」が1954年に制定されている。三つは，「盲学校，聾学校及び養護学校への就学奨励に関する法律」が1954年に，「公立養護学校整備特別措置法」が1956年に制定された。

6　現代の学校と教師

（1）学習指導要領の改訂のあゆみ（主に中学校）

　独立回復後と現代とを分ける基準は明確にはみあたらないが，現在の教育制度から振り返って見ると，この学習指導要領が官報に告示された1958（昭和33）

年を一つの節目と見ることができよう。教育課程の基準としての性格の明確化がなされたこの時期以降を現代と考えるのが妥当ではないかと考える。これ以降，ほぼ10年ごとに改定されている。

1947（昭和22）年「学習指導要領（試案）」が出される。3月に一般編が刊行され，続いて各教科編が相次いで刊行された。この試案を支えた教育原理は，経験主義，生活主義であり，子どもの「生活の論理」を教育哲学的基礎とし，その方法の核は問題解決学習であった。学校における正規の課程は「教科課程」とした。やや日本の風土になじみにくく，戦後の新教育の理論の未消化もあり，あまり成果があがらなかった。1単位時間については，1949（昭和24）年以降，原則として50分となった。また，文部省に教育課程審議会を設け，1951（昭和26）年1月に道徳教育の振興について答申が出された。

1951年，改訂版「学習指導要領（試案）」が発表される。「教科課程」から「教育課程」へと名称が変更された。全教科を通じて，戦後の新教育の潮流となっていた経験主義や単元学習に偏りすぎる傾向があり「新教育批判」や「這い回る経験主義」という批判があった。系統性が重視されておらず基礎学力の低下や，また非行の増加も社会問題となっていた。

1958（昭和33）年，8月に学校教育法施行規則の一部を改正し，10月には学習指導要領が全面改定され，官報による告示がなされた。これにより学習指導要領が法的根拠をもった「基準」となった。基礎学力の充実，科学技術教育の振興が叫ばれ，理科，数学等の改善の要請があり，今回の学習指導要領では，「生活の論理」から「系統の論理」重視の方向へ大きく転換した。また「道徳の時間」が設置された（特設道徳）。

1968（昭和43）年，1969（昭和44）年，小学校・中学校それぞれの学習指導要領が全面改訂される。わが国の国民生活の向上，文化の発展，社会情勢の進展がめざましく，時代の要請に応えるために，教育内容の一層の向上を図った。「教育内容の現代化」といわれ，算数における集合の導入等が挙げられる。

1977（昭和52）年，学習指導要領全面改訂。1981（昭和56）年4月から実施。学校教育が知識の伝達に偏る傾向があるとの指摘もあり，真の意味における知育を充実すること，児童生徒の知・徳・体の調和のとれた発達を図るため，ゆ

とりのある充実した学校生活の実現を目指し，教育内容を精選し，標準授業時数を削減した。これにより，学習負担の適正化を図った。

　1989（平成元）年，学習指導要領全面改訂。1993（平成5）年4月から実施。生涯学習の基盤を培うという観点に立ち，21世紀を目指し社会の変化に自ら対応できる心豊かな人間の育成を図ることを基本的なねらいとした。生活科が小学校で新設され，道徳教育の充実が図られた。この間に大学においても，1991（平成3）年，大学設置基準の大綱化が行われ，一般教育と専門教育の区分，一般教育内の科目区分（一般（人文・社会・自然），外国語，保健体育）が廃止されている。

　1998（平成10）年，学習指導要領全面改訂。2002（平成14）年4月から実施。1996（平成8）年に中央教育審議委員会は第1次答申の中で，21世紀を展望し，我が国の教育について「ゆとり」の中で「生きる力」をはぐくむことを重視することを提言した。それを受けて，教育課程審議会も答申を出した。基礎・基本を確実に身に付けさせ，自ら学び自ら考える力などの「生きる力」の育成を図ることとし，学校週5日制実施に伴い，教育内容の厳選がなされた。また，総合的な学習の時間も新設された。

　また，2006（平成18）年12月，教育基本法が59年振りに改正され，21世紀を切り拓く心豊かでたくましい日本人の育成を目指すという観点から，これからの教育の新しい理念に基づいた学校教育法等や学習指導要領の改訂を求めた。

　2008（平成20）年，学習指導要領全面改訂。2009（平成21）年から移行措置として数学，理科等を中心に前倒しで実施。2012（平成24）年から全面実施。OECD（経済協力開発機構）のPISA調査など各種の調査から明らかになった課題を解決するため，今回は教育内容や授業時数を増加した。各学年の年間総授業時数は，従来よりも第1学年から第3学年を通じ年間35単位時間増加することとした。

　また，学校教育法等の一部を改正する法律が2007（平成19）年に公布され，2008（平成20）年4月1日から，副校長等の新しい職が設置された。そして，2013（平成25）年には第2期教育振興基本計画（平成25年度〜平成29年度）が策定され閣議決定された。これにより地方公共団体もこの計画を参酌し，その地域

に応じた教育振興基本計画を策定することとなった。

　2015（平成27）年3月に学習指導要領が一部改正され，従来の道徳が「特別の教科　道徳」とされた。また，学校教育法の一部改正も行われ，小学校，中学校の教育を一貫して行う「義務教育学校」の設置が認められることとなった。

　小・中の道徳については，小学校では2015（平成27）年から2017（平成29）年の移行措置を経て2018（平成30）年から完全実施，中学校では，2015年から2018年の移行措置を経て2019（平成31）年から完全実施される。また，今回改訂の学習指導要領は小学校で2020（平成32）年から，中学校で2021（平成33）年から全面実施，高等学校では2022（平成34）年から年次進行により実施される予定である。

（2）教職観の変遷

　1881（明治14）年の「小学校教員心得」には教師の教育的能力の基本となるのは「剛毅，忍耐，威重，懇誠，勉励等ノ諸徳」とあり，また1886（明治19）年の師範学校令には，「順良信愛威重ノ気質」を備えた教師の養成を目的としていた。このような「古典的教職観」は「聖職論」として戦前までの教育に根強くあった。第二次世界大戦後，日本の教育は大きく変わり，それまで臣民の「義務」として，国家・天皇のための「滅私奉公」の教育であったのが，国民の基本的人権の一つとされ，「権利」として保障されるようになった。そして当時の教師たちは自らの生活と民主主義教育を守るための主体として日本教職員組合（日教組）を結成し，「教師の倫理綱領」の中で，教師は労働者であると明記し，「労働者論」が現れた。その後，さまざまな社会の変化とともに，教師の質が問われ，その使命感について疑問の声が聞かれるようになった。そのような中，教職の科学化・技術の向上の重要性が叫ばれ，専門性が重視された。そして，1966（昭和41）年にILO・ユネスコ共同勧告である「教師の地位に関する勧告」の中で「教職は，専門職でなければならない」と規定した。これにより，教育の科学化・技術の向上は，専門職化の重要な要件として位置づけられることになった。

　また，近年我が国では，学部段階の高等教育の広範な普及とともに，「知識

基盤社会」の到来や，グローバル化，情報化，少子・高齢化など，社会構造が大きく変化しており，変化のスピードも速くなっている。そのため，社会のさまざまな分野において，専門的職業能力を備えた人材が求められるようになっている。教員についても同様で，教育を取り巻く社会状況がこれまでになく大規模かつ急激に変化し，また，子どもたちの学ぶ意欲の低下や規範意識・自律心の低下，社会性の不足，いじめや不登校等の深刻な状況など，学校教育が抱える課題が一層複雑化・多様化しており，このような変化や諸課題に対応しうる高度な専門性と豊かな人間性・社会性を備えた力量ある教員が求められている。このため，今後の教員養成の在り方としては，教員養成を修士レベル化し，教員を高度専門職業人として明確に位置づけるという方向性も出てきており，教員養成・教員採用・教員研修のそれぞれの段階で，高度な指導力を有した教員の養成・確保が図られている。

参考文献

文部科学省（2008）「中学校学習指導要領解説　総則編（平成20年9月）」．

教職問題研究会編（2009）『教職論——教員を志すすべてのひとへ　第2版』ミネルヴァ書房．

文教政策研究会（2013）『日本教育史　日本の教育——古代から現代までの歴史と変遷』日本図書センター．

（名和　優）

第10章

現代社会の諸課題と学校・教師

　　変化の激しい現代社会において教員に求められる能力は多岐にわたり，また学校内外の諸問題に対して適切かつ臨機応変の対応が求められる。そうした環境にあり諸条件の下にある教員には，一面的な教育観に囚われることなく全人的な教育観が求められる。教育は若い世代のみを対象とするのではなく人の一生涯を対象としているため，あらゆる世代を視野に入れた生涯学習社会に対応した教員の在り方が求められるであろう。第1節ではこの問題を取り上げる。続く第2節では，学校内部に限ってみても，被教育者の能力は多様性に溢れ，被教育者のニーズに応じた学校運営や教師への期待が高まりつつあるが，この点について触れる。3節では，近年の学校制度改革の動向に伴って，従来の校種別の対応だけにとどまらず，学校教育では校種間の連携協力が一層重要になりつつあり，学校内部においても全教職員が一致団結して教育活動に取りかかることが求められているが，こうした点と，地域社会における学校が，かつてのような地域社会から孤立した存在としてではなく，地域社会の現状や実態を考慮した学校運営が求められ，さらには連携協力が必要となっているが，これらの点について触れる。

1　生涯学習社会における学校教育と教師のあり方

(1) 法律に規定された「生涯学習の理念」

　2006（平成18）年に改正された教育基本法には，「生涯学習の理念」に関する規定が第3条として，新たに以下のように盛り込まれている。

　　　国民一人一人が，自己の人格を磨き，豊かな人生を送ることができるよう，その生涯にわたって，あらゆる機会に，あらゆる場所において学習す

ることができ，その成果を適切に生かすことのできる社会の実現が図られなければならない。

　このように，日本では近年になって法律上に明確な表記がなされるようになった生涯学習の理念であるが，その考え自体は決して新しいものではない。そして「生涯学習」という語は人々のあいだに浸透しつつあると見られるものの，大多数の人が生涯学習を実践しているという状態には至っていないため，この条文で目指されている生涯学習社会が実現しているとは言い難い＊。さらには，言葉として浸透しつつあるとはいえ，俗論的な理解で，「生涯学習」や「生涯学習社会」の語が氾濫している（鈴木ほか　2014：2）との批判もある。そこでまず，現在に至るまでの生涯教育・生涯学習理念をめぐる議論の展開を確認したい。

　　＊「生涯学習に関する世論調査（平成24年7月）」（文部科学省ホームページ掲載）によると，日本国籍を有する20歳以上を対象に「生涯学習」という言葉のイメージを質問したところ，「わからない」と回答した人は6.2％にとどまり，なんらかのイメージを有する語となっていると考えられる。その一方で，「生涯学習をしたことがない」と答えた人は42.5％にのぼっている。

（2）生涯教育論の普及

　1965年にパリで開催されたユネスコの成人教育推進国際委員会において，この会合の委員であったラングラン（Paul Lengrand, 1910-2003）が提唱した「生涯教育（〈仏〉éducation permanente,〈英〉lifelong education）」の構想が，これからの教育の方向性を示唆する根本的概念として注目を集めた。それが後の世界的な生涯教育論・生涯学習論の広がりに大きな影響を与えたとされる。この提言に従い成人教育国際委員会は，人間の一生を通して行う教育の過程を可能とする原理が生涯教育であるとし，個人の一生という時間軸に沿った垂直的次元と，個人および社会生活全体にわたる空間の広がりである水平的次元の両方について必要な統合を達成すべきである，とする勧告を行った。

　垂直的な次元に見られる問題としては，社会変化の加速によって，学習した内容が有効性を失うまでの期間が短くなる傾向があることが挙げられる。この

問題に対し生涯教育は，青少年期に学習を限定するのではなく，時々刻々と変化する知識や技能の習得を可能とするので有効な概念であるとされた。

一方，水平的な次元の問題としては，生涯教育の概念が広まった1960年代は進学率が増大し，学校教育が急激な普及を見せたために「教育爆発の時代」と称される反面，詰め込み教育や非行といった学校の抱える諸問題が明らかとなった時代でもあった。こうした時代状況への危惧から学校教育に偏重した教育の捉え方自体の問い直しが行われた結果，学校教育と学校外の教育とが有機的な連関を保った教育システムの構築が望まれるようになる。これが生涯教育の理念を支えるもう一つの柱とされた。

このように生涯教育は，生涯それぞれの時期に受容する教育を別々に考えるのではなく，有機的なつながりをもった「垂直的な次元」での統合，そして学校教育と学校外の教育とを連携する「水平的な次元」での統合という両次元において，いずれも「統合（integragted）」の原理に貫かれている。生涯教育が時に"lifelong integrated education"と称され，integrated（統合した）の語が加えられているのは，この時間・空間の両面における統合にこそ現代の教育問題を超克する鍵がある，という考えを生涯教育が有しているからである。

（3）生涯教育から生涯学習へ

生涯教育の構想自体はラングランの提言以前から存在したが，ユネスコで今後の教育の基本原理として採択されたことを受けて世界的な広がりを見せ，日本においても生涯教育を本格的に導入するための議論が始められた。生涯教育が日本に紹介された当初，成人教育の一種と考えられたために社会教育との関係が強調されたが，生涯教育は学校教育と学校外の教育との統合を図るものであるから，社会教育に限らず教育全般に対して指導的な役割を果たす性格を備えており，現在では学校教育にもその理念が生かされている。

日本において「生涯教育」の用語は，政府によって重要課題として取り上げられた経緯もあり，教育を利用した国家による統制ではないか，という警戒を招いたうえ，「教育」の語自体が強制的であるとして嫌われる傾向も見られた。そのため学習者の自主性を強調する「生涯学習」の語が好まれ，現在ではこち

らの語が使用される場合が多い。一方でOECDのように「教育」を，他の活動からある程度隔離された場面で組織化・構造化して行われる活動としてとらえ，あらゆる場面で可能な「学習」とは区別する考え方もある。それゆえOECDでは生涯を通じて隔離された状態におかれるような「生涯教育」は不可能であるとして，生涯学習が提唱される。

　1984年から87年にかけて設置された臨時教育審議会においては，教育改革の要諦として，学校教育中心の教育体系から「生涯学習体系への移行」が掲げられた。この答申に基づき1988年，文部省（当時）はそれまでの社会教育局を廃し，新設の筆頭部局である生涯学習局へと統合・再編した。そして1990年には「生涯学習の振興のための施策の推進体制等の整備に関する法律」（生涯学習振興整備法）が制定され，国内で初めて「生涯学習」という言葉を盛り込んだ法律が誕生した。それまでにも地方公共団体の施策として「生涯学習」の語が用いられることはあったが，ここに至り生涯学習の語が法的に認められ，生涯教育から生涯学習への移行が明確化されている。

　しかし，これをもって生涯教育に比べて生涯学習がより優れた概念である，と断じるのは性急である。ラングランがその著書『生涯教育入門』において，生涯教育の実際の任務としてすでに以下のような一般的定義を示していたことは注目に値する。

　① 人間存在を，その全生涯を通じて，教育訓練を継続するのを助ける構造と方法を整いやすくすること。
　② 各人を，彼が，いろいろな形態の自己教育によって，最大限に自己開発の固有の主体となり固有の手段となるように装備させること。

（ラングラン　1980：49）

　これらの定義にはそれぞれに「継続するのを助ける」「自己教育・自己開発」といった言葉が盛り込まれており，教育を享受する個人の主体性が強調されている。よってラングランの唱えた生涯教育論では，生涯にわたって自ら学ぶ人を援助する働きこそが生涯教育である，と明確に描かれているのである。

　そのうえ，生涯学習の語は個人主体の性格を強く帯びているために，生涯教

育が内包する社会的性質が認められにくいという難点もある。生涯教育を成立させる柱の一つは「水平的な統合」であり，そこでは学校教育と学校外の教育との緊密な横のつながりが要求された。学校が公的性格を有するのはいうまでもないが，生涯教育の原理としては，学校外教育もまた社会的な教育制度や政策により学校教育と協力し，連携が図られるという公的な計画に支えられており，社会的な援助を受けることなくして，個々人の生涯にわたる学習の成立は困難である。それゆえ，個人が主体的に学習を続ける生涯学習を充実させるための社会的なサポート機能が生涯教育の働きであるとも理解される。

　ともあれ，日本においては生涯教育が上からの改革であり，強制的な働きかけであるという負のイメージが先行したため，個々の国民の要求を反映した取り組みであるとは納得されにくい状況にあった。よって，生涯教育という誤解を招きやすい言葉ではなく，生涯学習の用語を選択した判断は妥当であったといえよう。

(4) 生涯学習から生涯学習社会へ

　ユネスコで生涯学習の提言がなされたのちの1968年，ハッチンス (Robert Maynard Hutchins, 1899-1977) は『ラーニング・ソサエティ (*The Learning Society*)』を著し，そこにおいて「学習社会というのはすべての成人男女に，いつでも定時制の成人教育を提供するだけではなく，学習，達成，人間的になることを目的とし，あらゆる制度がその目的の実現を志向するように価値の転換に成功した社会であろう」(ハッチンス 1979：31-32) として，「学習社会 (learning society)」の概念をうち出している。このような社会体制の構想こそが，生涯学習と生涯教育という名称の対立を統合するものとして考えられる。

　ハッチンスの提起した「学習社会」の語は，ユネスコの教育開発国際委員会が1973年に公刊した『ラーニング・トゥ・ビー (*Learning to Be*)』の中で，未来の社会形態を志向する概念として用いられた。この報告書はフランスの元首相・元文相のエドガー・フォール (Edgar Faure, 1908-1988) がまとめたので，「フォール・レポート」と通称されている。

　この学習社会の概念に関連したものとして，日本では1991年の中央教育審議

会答申「新しい時代に対応する教育の諸制度の改革について」の中で「これからは，学校教育が抱えている問題点を解決するためにも，社会のさまざまな教育・学習システムが相互に連携を強化して，生涯のいつでも自由に学習機会を選択して学ぶことができ，その成果を評価するような生涯学習社会を築いていくことが望まれる」と述べられている。

翌1992年に生涯学習審議会が発した答申「今後の社会の動向に対応した生涯学習の振興方策について」においても「生涯学習社会」の概念が支持され，生涯学習社会を築く手だてとして，学校その他の教育機関との密接な連携や，学習成果を地域や社会において生かすことのできる機会や場の確保がうたわれる。生涯学習をさらに一歩推し進めた生涯学習社会の構想は，生涯学習の語では表現しきれなかった社会的援助・社会環境づくりの方針が明確化されている。それはユネスコで提唱された生涯教育の理念の一つである，水平的な次元での統合へと正しく回帰した教育改革案といえよう。そしてまた，先に見た中央教育審議会答申の中で「学校教育が抱えている問題点を解決する」という目的が掲げられているが，生涯学習社会の構想には学校教育を変える力があるというだけでなく，その構想のもとでは学校教育や教師にも意識変化が求められているのである。

（5）生涯学習社会における学校・教師のあり方

以上のような過程を経て，生涯学習社会の構想が今後の社会を導く理念として方向づけられ，さらに本章の冒頭で確認したように，2006年には改正教育基本法上に生涯学習社会の実現という理念が明文化された＊。

＊一方でこの条文（改正教育基本法第3条「生涯学習の理念」）に対しては，主に個人レベルの生涯設計において生涯学習を位置づけており，ユネスコなどが示す学習の社会的協同的規定とは大きな齟齬が生じている，という批判（姉崎 2015：49）もある。同じ「生涯学習社会」の構想であっても，目指されるべき社会的援助・社会環境づくりの方針からの後退が懸念される。

それでは，生涯学習社会において，教育活動を本務とし児童生徒の学習を支える学校・教師には何が求められるのであろうか。この点を考えるにあたって

は，生涯学習と学校教育との関係が明確にされなければならない。浅井経子によると，生涯学習と学校教育との関係は，主に4つの観点からとらえられるという（浅井 2010：32）。これを要約すると，以下のようになる。

① 学校教育で行われる学習は生涯学習の一部である。
② 学校教育を支援する大人の生涯学習がある。
③ 学校教育の中で生涯学習の基礎は培われる。
④ 教員の研修・自己研鑽は教員の生涯学習である。＊

　＊文章の構成を考え，原著から観点の列挙の順序を変更している。

　これらの観点に基づいて考えるならば，生涯学習社会における学校教育そして教師のあり方には何が求められるだろうか。
　①・②を踏まえると，学校での教育と学校外での教育とのつながりや，学校内外の人員の交流や協力の必要性が浮かび上がる。たとえば改正教育基本法13条に「学校，家庭及び地域住民その他の関係者は，教育におけるそれぞれの役割と責任を自覚するとともに，相互の連携及び協力に努めるものとする」と新たに記され，「職員以外の者で教育に関する理解及び識見を有するもの」（学校教育法施行規則第49条）を学校評議員とし，運営への参加を求めることが可能となっており，生涯教育論で唱えられた「水平的次元の統合」を実践するものと考えられる。
　また，近年では文部科学省が「チームとしての学校」というあり方を模索し，現・部活動支援員や地域連携担当教職員といった新たな職も検討している。地域との連携強化や多様な人材活用など，教員だけでなく学校にかかわる人を巻き込んだ学校教育のあり方は，生涯学習の一部としての学校という考えに合致する。だが一方で，外部との連携を「専門」の担当教員に任せきることで，専門教員以外が連携に携わらず，多くの教員が多様な視点に触れる機会を失っては本末転倒である。教師の本務が教育活動であり，直接教育活動である授業がその核となることはいうまでもないが，異なる専門性をもった人や，専門性はなくともかかわりの深い人たちの思いや考えを教師が知り，協働する中で得られた洞察の深まりがあってこそ，学校教育を生涯学習の一部として適切に位置

づけることになる。そのような協働は教師，保護者や地域住民，さまざまな専門家やボランティアといった学校にかかわる多様な大人の生涯学習の機会ともなる。

　次に③の観点を踏まえると，教師は学習者が学校教育を終えた後の学びを見据えること，すなわち学習者の学びの継続を考える必要がある。ゆえに学校においては学ぶ意欲を育て，学び方を学ぶことが重要といえる。これはまた，生涯教育論で唱えられた垂直的次元の統合と共通した問題意識である。学ぶ楽しさや喜び，学ぶ価値，学ぶ意義を確信できる機会を学校教育で得ることによって生涯学習への基礎が築かれる。それにはまず，学校教育および教師が学びを苦痛や無価値，無意味なものとして潜在的に教えている面がないか反省する必要がある。それはまた，教師自身の学習観にもとづく潜在的カリキュラムが反映された結果であるならば，④と深く関係がある。教員の研修については第3章に詳しいが，生涯学習との関係で改めて指摘するならば，自らが「学び続ける教師」であってこそ教師は児童生徒にとって生涯学習社会でのロールモデルとなる大人の姿であり，人生の先達であるといえよう。

参考文献

浅井経子編著（2010）『生涯学習概論——生涯学習社会への道　増補改訂版』理想社．
姉崎洋一ほか編（2015）『解説　教育六法』三省堂．
倉内史郎・鈴木眞理編著（2002）『生涯教育の基礎』学文社．
下浦忠治（2002）『学童保育——子どもたちの「生活の場」』岩波書店．
鈴木眞理・馬場祐次朗・薬袋秀樹編著（2014）『生涯学習概論』樹村房．
田口雅文・坂口緑ほか（2015）『テキスト生涯学習——学びがつむぐ新しい社会』学文社．
文部科学省HP　http://www.mext.go.jp（情報取得日：2015年5月20日）
窪田眞二・小川友次（2015）『平成27年版　教育法規便覧』学陽書房．
ハッチンス，新井郁男訳（1979）「ラーニング・ソサエティ」『現代のエスプリ146号——ラーニング・ソサエティ』至文社．
ラングラン，波多野完治訳（1980）『生涯教育入門（第一部）』全日本社会教育連合会．

　　　　　　　　　　　　　　　　　　　　　　　　（塩見剛一）

2　教師の気づきと特別なニーズに応じた教育支援

　学校に対する保護者や児童生徒からの要望（ニーズ）は多様である。一般に教師が基本的に必要とする能力は数多くあるが，的確に児童生徒の要望を把握し適切な指導を行うことが求められる。そのため保護者や児童生徒からの情報を教師は敏感に察知し収集しなければならない。今，学校に寄せられるさまざまな情報源を挙げてみると，教育委員会，警察，消防などをはじめ，保護者，児童生徒，地域住民などからのもの，各種団体（学校警察連絡協議会，校長会，学校運営協議会，学校評議員制度，学校間連絡協議会など）を挙げることができる。そしてここでは情報とニーズとを区別して考えてみたい。情報は，重要なもの，参考とすべきもの，無関係のものも含まれるが，ニーズは，学校や教師に何らかの反応や対応を求めているメッセージととらえることができる。しかし教師が時には情報に無感覚であったり，無意識的に情報を見落としてしまうことがある。また教師自身が自己に都合のよいように自己中心的に問題を補足し対応するようなことがあってもならない。もちろん教師には正しく判断し行動する自立性が求められることはいうまでもない。だが近年の教員に関する不祥事や体罰問題に見られるように，誤った認識（例：体罰は愛情である，集金した公金を一時的に個人的に借用，職務に無関係なサイトを学校内で閲覧，児童生徒を教育的対象と見なさない等）によってニーズに応えるべき事案を由々しき問題としてしまったり，児童生徒や保護者，地域社会から信頼を失うことが見られ，教師の本来あるべき位置を見誤ってはならない。

　このような事態に陥らないための工夫は，たとえば必ずメモをする，備忘録等に控えるなど一つひとつの情報を視覚化し，確実に行ってゆくことで，かなり防止することができる。ホウレンソウ（報告，連絡，相談）と言われる情報の共有化についてもミスを防止し，誤った判断を防ぐことにもなる。先輩教師や同僚から意見を聞き技術的手法を学び取ることも大切である。

　積極的に学校や教師に寄せられるニーズについても慎重に検討することも重要である。たとえば子どもを一番よく知りうる状況に置かれた保護者から寄せ

られる児童生徒についての学校側への情報やニーズは，学校経営や教育活動を行う上で参考となり軽視すべきではない。学校に寄せられた情報は，何時，誰が，どんな内容を受け，誰に報告し，誰が対応したか，等の記録を残し情報共有を図るなどの工夫も必要である。この場合，たとえば，生命にかかわる情報［特定の薬を服用，食物アレルギーなど］，身体にかかわる情報［視力，聴力，配慮を要する点など］，教育を進める上での情報［プレッシャーに弱い，対人関係が困難，筆記速度が遅いなど］，その他，家庭にかんする情報［危険な道路を利用，就寝時間が遅い，朝食を頻繁に抜くなど］，など，個人情報に配慮し項目別・重要度の度合いによってわかりやすくまとめどう対応するかを記しておくことも有益である。

　地域社会の人々からの情報なども，学校と地域との信頼関係のためにも，的確に情報内容を判断し対応することが求められる。さらに以前に児童生徒が在籍していた学校からの指導要録の内容や申し送りなどによって児童生徒の特徴を把握することも可能である。

　他方，以上のような明確な形における情報伝達がない場合，教員が日々の教育活動の中で，特定の児童生徒に対して配慮すべき点や指導上参考とすべき点を感じたりする場合がある。とくにこの点については，日常より教師が児童生徒をよく観察し，日常の行動パターンや社会性などの観点から異変や違和感がないかどうかを含めて判断し，児童生徒の状態の異変や問題点に気づく場合がある。そのため児童生徒と教師とが，授業時間やHRはもちろんのこと，日々の会話，清掃活動，クラブ活動，さらには学級ノートなどのやり取りや簡単な面談の中で，児童生徒の状況を把握することは有効である。近年，携帯電話，メール，SNSなどは生活内部に一般化しつつあるが，自治体によっては教師がこうしたSNSを児童生徒と利用する事を控える通知（「生徒とのLINE連絡「禁止」，埼玉，県立高教諭に通知」，『産経新聞ニュース』ネット版，2015.11.4）が出され，メールなどは情報が意に反して拡散したり教師側の真意が伝わらない，本来確認すべき情報入手や当面の問題解決のための問題と無関係な話に発展してしまう恐れがあるため注意を要する。

□**児童生徒の抱える問題**

健康上の問題―身体上の問題，精神上の問題など

学習上の問題―学力の問題，技術の問題など

進路上の問題―進学の問題，就職の問題など

学校（学級）生活上の問題―クラスや部活動での人間関係など

家庭上の問題―親との関係，経済上の問題など

対人（友人）関係上の問題―友人関係の問題など

□**保護者から学校に寄せられる問題**

学業や成績に関する要望―試験結果，指導方法，指導内容など

学校でのきまり事に関する要望―校則，公金，部活動など

担任や教室によるきまり事に関する要望―座席，役割分担，忘れ物など

進路指導への要望―入試対策，就職活動など

生徒指導への要望―生活態度，生徒間暴力，器物損壊など

□**地域住民から学校に寄せられる問題**

通学路に関する問題―交通マナー，立ち入り，ゴミのポイ捨てなど

学校周辺環境に関する問題―騒音，埃・煙，ゴミ，振動，球の飛来など

児童生徒の行動上の問題―マナー，迷惑行為，家屋・所有物への悪戯など

　学校には以上の分類以外にも多くの情報や要望が寄せられ，そうした情報を精査して対応してゆくことが求められる。各都道府県では「学校・家庭・地域をつなぐ保護者等連携の手引き～子どもたちの健やかな成長のために～」（大阪府教育委員会），「保護者，地域と学校の協力のために【保護者等対応事例集】」（広島県教育委員会），「保護者等との良好な関係づくりのための事例集～要望等への適切な対応のために～」（北海道教育委員会）などを公開し，内容も事例毎に手順やポイントなどが示されており，問題によっては専門家を交えた対応が必要な事例も挙げられている。

　他方，特別に配慮を要する児童生徒に学校側や教師がどのように対応すべきかをめぐって，さまざまな対応が求められている。文部科学省が発表している平成24年の「通常の学級に在籍する発達障害の可能性のある特別な教育的支援

を必要とする児童生徒に関する調査結果について」によれば，平成24年2月から3月にかけて行われた児童生徒（全国［岩手，宮城，福島を除く］の公立の小・中学校の通常の学級に在籍する児童生徒）のうち抽出された5万3千人余りの児童生徒を対象として，①学習面（聞く，話す，読む，書く，計算する，推論する），②行動面（不注意，多動性―衝動性），③行動面（対人関係やこだわり等）の質問項目を通して支援を要する児童生徒の実態調査結果を明らかにした。その調査によれば，「学習面又は行動面で著しい困難を示すとされた児童生徒の割合が，推定値6.5％」(p. 11) という割合を明らかにしている（参考，「発達障害の可能性　小中生6.5％」，『読売新聞』，2012年12月6日）。さらに児童生徒の困難な状況として挙げている質問項目として使用した以下の事例は，子どもを理解する上で参考となる。

〈行動面「不注意」「多動性―衝動性」〉　一部を引用
手足をそわそわと動かし，またはいすの上でもももじもじする。課題または遊びの活動で注意を集中し続けることが難しい。教室や，その他，座っていることを要求される状況で席を離れる。順番を待つことが難しい。日々の活動で忘れっぽい。

〈行動面「対人関係やこだわり等」〉　一部を引用
友達と仲良くしたいという気持ちはあるけれど，友達関係をうまく築けない。球技やゲームをする時，仲間と協力することに考えが及ばない。自分なりの独特な日課や手順があり，変更や変化を嫌がる。特定の物に執着がある。

小中学生の6.5％という割合は，一教室あたり仮に35人在籍として，2.27人ということである。学級経営や教科担当を担う上でも注目すべき数値となる。

3　今後の学校の新たなあり方をめぐって

近年，校種間の連携が一層求められつつある。校種とは，学校教育法第1条に定める各種の学校のことを指す。これまでの規定では，8種の学校種が存在していた。しかし，2016年4月から，義務教育学校が，学校教育法第1条にお

いて新たな学校種として登場した（法の制定は2015年6月）。文部科学省の通知によれば，「学校制度の多様化及び弾力化を推進するため，小中一貫教育を実施することを目的」（「小中一貫教育制度の導入に係る学校教育法等の一部を改正する法律について（通知）」（平成27年7月30日，文部科学省））として登場した目的を記しているが，この義務教育学校が登場した背景には，「従来から校種間の連携・接続の在り方に大きな課題があることが指摘されていた」とされ，中学校1年生時点のほか，小学校5年生時点で変化が見られ，小学校4～5年生段階で発達上の段差があることがうかがわれるとしている（同報告）。同様の制度として，海外ではすでにフィンランドが小中一貫の学校制度を採用し，我が国でも既に存在している。

　制度は現実（現状）に照らして変化させてゆくべきであるとの趣旨を体現化させた法改正であるが，そこにはこれまで長きにわたって存在した学校制度（6，3制）という伝統の問題が存在する（例：これまでの制度としての伝統を変更することによる問題の発生を危惧すること）。また学校制度という長き伝統があったがゆえに，なかなか着手し難かった問題に対する新たな改革的提案（例：被教育者としての小学生が現代の子どもの発達状況と一致しなくなっている，一部の児童の中学受験への参入に伴う受験の激化，いじめ，不登校，落ちこぼれなど教育環境の変化に伴う新たな教育的課題の発生，などへの対応策）としてこの制度を捉えることができる。

　同じく提唱された新しい概念として，「チームとしての学校」という概念が挙げられる。この概念は2015年12月の中央教育審議会の答申で示され，新聞等でも報じられた（参考，「学校と地域の連携強化へ「コミュニティースクール」「チーム学校」促進　中教審が答申」，『産経新聞ニュースネット版』，2015年12月21日）。その作業部会の中間報告によれば，チームとしての学校が求められる背景として，「学校が抱える課題は，複雑化・困難化し，教員だけで対応するのは質的にも量的にも難しくなってきている」として，校長のリーダーシップの下，教職員や学校内の多様な人材が，それぞれの専門性を生かして能力を発揮することで，教員の負担を軽減し，また専門的観点からの指導を行うことを目指したものである。そのため，これまでには馴染みのない部活動における児童生徒への専門

的技術指導を行う「部活動支援員」や学校内において地域との連携を担当する教職員である「地域連携担当教職員」（仮称）などが法的に明確化されることを検討しているという。その他にも，「理科支援員」（小学校），小中における障害のある児童生徒に対し，食事排泄，教室の移動補助等サポートを行うなどの「特別支援教育支援員」，外国人児童生徒に対し日本語指導や教科指導の補助を行う「外国人児童生徒支援員」，児童生徒の心のケアに当たる専門家である「スクールカウンセラー（SC）」，ソーシャルワークの手法を用いて問題を抱える児童生徒等への支援を行う「スクールソーシャルワーカー（SSW）」，学校図書館を活用した教育活動への協力等を行う「学校司書」，情報機器等の効果的な活用をアドバイスする「ICT支援員」，警察OB等が学校等を巡回する「スクールガード・リーダー」などの活躍や職員制度の導入を目指している（文部科学省）。

　従来の学校は地域社会との関係性については希薄であった。しかし地方教育行政の組織及び運営に関する法律（地教行法）第47条の5において学校運営協議会が定められ，学校教育法施行規則第49条にあるように学校評議員の設置・運営参加など，校長の求めに応じて学校運営に意見を申し出る制度が可能となった。

　学校運営協議会とは，平成16年に制定され，「教育委員会は，教育委員会規則で定めるところにより，その所管に属する学校のうちその指定する学校（以下この条において「指定学校」という。）の運営に関して協議する機関として，当該指定学校ごとに，学校運営協議会を置くことができる」（地教行法第47条5）とある。

　学校評議員制度は，平成10年の中央教育審議会「今後の地方教育行政の在り方について」の中で取り上げられ，「学校評議員は，校長の求めに応じ，学校運営に関し意見を述べることができる」（学校教育法施行規則第49条第2項）とあり，評議員の選出は校長の推薦を経て学校の設置者が委嘱する。

　学校は地域社会において孤立した存在ではなく社会や学校の利害関係者（ステークホルダー）との関係において，そうした意思を考慮してゆくことが一層求められつつある。かつて学校は有閑階級（スコレー）の特徴的機関として

見なされてきたが，近代教育制度の導入により，義務，無償，宗派的中立の理念という公共的性格を獲得し，さらに今では民意が強く意識され始めている。合わせて，少子化，高齢化，核家族化等の社会の変化に伴い，学童保育，地域社会の人材の活用，年齢を超えた無学年制による学び等，さらなる工夫と発想の転換，制度の導入が今後求められるだろう。

参考文献

姉崎洋一ほか（2015）『解説教育六法2015平成27年版』三省堂.

窪田眞二・小川友次（2015）『平成27年版教育法規便覧』学陽書房.

高浜行人・前田育穂・岡雄一郎・伊木緑・杉原里美（2015）「部活の外部指導者，学校職員に　中教審が答申」『朝日新聞ネット版』（2015年12月22日）.

広岡義之編（2012）『教職をめざす人のための教育用語・法規』ミネルヴァ書房.

文部科学省編初等中等教育局特別支援教育課「通常の学級に在籍する発達障害の可能性のある特別な教育的支援を必要とする児童生徒に関する調査結果について」（平成24年12月5日，文部科学省のHP）.

「小中一貫教育制度の導入に係る学校教育法等の一部を改正する法律について（通知）」（平成27年7月30日，文部科学省）

「学校と地域の連携強化へ「コミュニティースクール」「チーム学校」促進　中教審が答申」『産経新聞ニュースネット版』（2015年12月21日）.

その他，文部科学省のHPを参照させていただいた。

（津田　徹）

第11章

先人のおしえに学ぶ教育実践の知恵

　　先人のおしえは，時代の風雪に耐え，今日にも通じるある意味，法則，ひいていえば「極意」に匹敵するような知恵が内在していると思われる。本章では，教育の不易と流行の融合性の中で，特に不易性に焦点を当てて，教師の在り方生き方・求める姿の知恵，教育・学習・校務分掌の知恵について述べていく。主要に取り上げる先人は江戸時代末期の儒学者である佐藤一斎（1772（安永元）年～1859（安政6）年）の『言志四録』である。取り上げる理由は，佐藤一斎自らが，70歳にして当時の教育研究機関の最高峰ともいえる昌平坂学問所の儒官に登用され，88歳で亡くなるまでその職責を全うしたことと，彼が自らの学問研究・人生経験をもとに書き上げた4冊の随想録である『言志四録』（『言志録』『言志後録』『言志晩録』『言志耋録』）に，今日の学校関係者の在り方生き方に有益な示唆を与える実践的英知が凝集されていると思われるからである。

1　教師の人間としての在り方生き方の知恵

　学校の教師は，教員免許状を有し，学校種及び教科の専門性並びに教育・指導方法を体得・体現できる「教育のプロ」であるが，このプロ性の基盤には，児童生徒に対して人間としての在り方生き方の手本（範）となる存在としての人間性（人間力）を具備していなければならない。
　佐藤一斎の『言志四録』には，教師の人間としての在り方生き方について示唆を与える有益な内容が多く散見される。ここでは教師が学び続けることの重要性や，人間の知・徳・体のバランスのとれた教師の求める姿，教師の人間と

第11章　先人のおしえに学ぶ教育実践の知恵

しての在り方生き方の理想を明白簡易に表現した内容を取り上げる。

　＊佐藤一斎は1772（安永元）年，美濃岩村藩の家老の次男として江戸藩邸で生まれる。名は坦（たん，たいら），字は大道，通称捨蔵（すてぞう），一斎は号であった。幼少から読書を好み，水泳・射騎・刀槍等の武術にも勝れ，小笠原流礼法も学び，武士として学者としての素養を積む。聖賢の学（儒学）に専念し，12,3歳では成人とかわらず頭角をあらわす。

　藩侯の第３子のちの林述斎ととともに，日夜，儒学を研鑽。1805（文化２）年，34歳で林家の塾頭となる。1826（文政９）年，55歳で岩村藩家老待遇となる。1841（天保12）年，70歳で幕府儒官（昌平坂学問所の儒官）となり昌平坂学問所の学問と教育を主宰した。1859（安政６）年，88歳で昌平坂学問所の官舎で没した。朱子学のみに拘泥せずに，王陽明の学にも研鑽した。一斎は，修己治人の学を志したが，治人（政）については，分を守り，教育また交際を通じた社会への貢献を己が任とした。

　『言志四録』は佐藤一斎の修養・工夫からにじみでた随想録である。42歳から82歳の41年間で執筆した。『言志録』（1842（文政７）年刊），『言志後録』（1850（嘉永３）年刊），『言志晩録』（1850（嘉永３）年刊），『言志耋録』（1853（嘉永６）年刊）の４冊からなる。また西郷南洲（隆盛）をはじめとする多くの維新の志士たちが愛誦した。特に西郷隆盛は，会心の百一条を抜粋し，抄録し，絶えず座右におき，自らの行動の指針とした。『言志録』（1842（文政７）年刊）は佐藤一斎が42歳（1813（文化10）年）から52歳の11年間をかけて246条を執筆したものである。時代は第11代将軍家斉の全盛期であった。『言志後録』（1850（嘉永３）年刊）は佐藤一斎57歳から66歳の10年間をかけて255条を執筆した。『言志晩録』（1850（嘉永３）年刊）は佐藤一斎67歳から78歳の12年間をかけて292条を執筆した。『言志耋録』（1853（嘉永６）年刊）は，佐藤一斎が80歳の時起稿し，２年間かけて340条を執筆した。

　『言志四録』の書き下し文は，主要には岡田（1991, 1993）に従った。

（１）教師が学び続けることの重要性

　21世紀に入り，2006（平成18）年改正の教育基本法第３条「生涯学習の理念」の規定のごとく，生涯学習社会が到来している。加えて2012（平成24）年の中央教育審議会答申において「学び続ける教員像」が明示され，教師は一生学び続ける存在であり，「教える人」は「学ぶ人」，「教えるプロ」は「学びのプロ」，

という関係性がより鮮明化している。まず「学び」について定義しておきたい。筆者は,「学び」とは「自らを厳しい環境に置いて,自らを鍛え・錬り・磨き,人間的成長を図る営み」と定義している。このように定義するならば,児童生徒にとっての学校における「学び」の対象は,学校生活そのものといえるであろう。児童生徒の学習には,教科・科目等,狭い範囲の「学び」があるが,そればかりではない。「生きることは学ぶこと」「学ぶことは生きること」ということを明確に示すことも大切である。すなわち学校での「学び」は,教科・科目等の正課のみではなく,部活動や休み時間の活動,清掃活動も広い意味で「学び」といえよう。学校生活に内在しているすべての「学び」を効果あらしめるものとすることが大切である。当然にして,教師自らも日々の生活,また人間として生きることそれ自体を学びととらえる必要がある。

そこで,佐藤一斎の『言志晩録』第60条を紹介したい。この条文には人間の一生涯にわたる学びの重要性が明白簡易にかつ力強く記されている。『言志晩録』第60条には「少(しょう)にして学べば,則(すなわ)ち壮にして為(な)す有り。壮にして学べば,則(すなわ)ち老いて衰えず。老いて学べば,則(すなわ)ち死して朽(く)ちず。」(少而學。則壯而有爲。壯而學。則老而不衰。老而學。則死而不朽。)とある。人間の学びのための知恵がみられる。人間の充実した人生の実現(自己実現)は人間の一生涯にわたる「学び」の継続にかかっている。人間が一生涯学び続けることは,人間が人間らしく生きるための基本である。また学びは変化への対応と不易性の担保にも重要である。急速に進歩つづける文明社会に対応しつつ,その中でも人間性をしっかり保ち,また今日でいう「人間力」の向上にもつとめ続けなければならない。教師は21世紀を生きる児童生徒に対して,文明社会の進歩の成果を学習させるとともに,人間本来のもつ人間性,人間力についてもしっかりと身に付けさせなければならない。極論すれば,人間としての在り方生き方の軸をぶらずことなく,高度文明社会の中で充実して生きる力と原始社会でも充実して生き抜くことのできる力を養わなければならない。この生きる力の原動力こそが学び続ける力であろう。学び続けることによってこそ,人間がいつの時代においても充実して生きることができるのである。

人が学び続けるためのもう一つの知恵として,心の持ち方,すなわち「心の

若さ」を保つことも挙げられよう。佐藤一斎の『言志耋録』第283条には「身に老少有れども，心に老少無し。氣に老少有れども，理に老少無し。須らく能く老少無きの心を執りて，以て老少無きの理を体すべし。」(身有老少。而心無老少。氣有老少。而理無老少。須能執無老少之心。以體無老少之理。)とある。身に老少はあるが，心に老少はない。人間の諸活動の源泉である氣に老少はあるが，理，すなわち人間の道義性に老少はない。そこで，人間は，老少なきの心を保持して，老少なきの理，すなわち道義性を体現することが肝要となるのである。「氣」とは身体や，形になってあらわれる人間の諸活動である。「志は氣の帥，氣は体の充なり。」という『孟子』の一節にみられるように，「志*」が人間として生きるエネルギーを発揮させる。「理」とは人間に賦与された道義性である。「道義」とは人の行うべき正しい道，道徳の筋道のことである。

＊確固たる心に立てる目標であり，人生の指針ともいえるものであり，それを全身に浸透させている状態が求められる。

(2) 人間としての在り方生き方の体現

① 教師としての理想的な人物像

教師がどのような人間であるべきか，その人間力については，「教育は人なり」といわれるように，教師それぞれ一人ひとりの持ち味である人間性と相俟って発動されるものであるが，その人間力を発揮するための教師の人間の「器」について，明白簡易に語られているものに先人の教えがある。佐藤一斎の『言志録』第19条には「面は冷ならんことを欲し，背は煖ならんことを欲し，胸は虚ならんことを欲し，腹は実ならんことを欲す。」(面欲冷。背欲煖。胸欲虚。腹欲實。)とある。人間力を発揮すべき器としての「頭」「胸」「背」「腹」の有り様について明白簡易な表現がなされている。思考力，判断力を発動する「面」すなわち頭は，冷静であることが求められ，人間性が集約される「背」は「煖」すなわち温かいことが求められ，心が存する「胸」は，物事に対する執着や私利私欲，妄念等が宿らないように「虚」の状態であることが求められ，行動力の源泉となる「腹」はいつでも実行可能であるように「実」で

あることが求められる。冷静でなければ思考と的確な判断はできない。背中（後ろ姿）にはその人の人間性，その人が培ってきたものがにじみでる。背中は取り繕うことができない。常日頃，背中（後ろ姿）を意識し，姿勢を正し，背筋をピンと伸ばし，腰骨を立てることに努める必要がある。失意の時こそ，背筋を伸ばし泰然とした行動をとることが肝要である。教育者，教師はこのような姿勢をもたねばならない。後ろ姿は大切である。後ろ姿にその人の培ったものが現れる。着物の着装，芸事・武道等，後ろ姿を大切にする。背中で語るためにも背中を磨くことが大切である。率先垂範，実践躬行，それには自らが先導するための実行力が必要である。すなわち判断したことを実行できる実践性（胆識）を腹に内包していることが肝要である。実行力には時として勇気を伴う。勇気の発動のためには腹を錬ることが重要となる。教師は呼吸法を学び体得し，腹を錬り，いざという時でも動揺しない心身をつくることが肝要である。この動揺しない心の持ち方の修錬も，幾多の先人の教えにみられるので参照してほしい。

② 人間としての在り方生き方

　教師は，児童生徒に対して人間としての在り方生き方の手本を示す存在である。人間としての在り方生き方の理想は，「人に対してはやさしく，自らに対しては厳しく」であろう。佐藤一斎の『言志後録』第33条には「春風を以て人に接し，秋霜を以て自ら粛む。」（以春風接人。以秋霜自粛。）と，人間の在り方生き方の理想が明白簡易に示されている。他者に対しては春風のようにおだやかにさわやかに接し，自らに対しては秋の冷たい霜を踏みしめるように，厳しく接すること，他者に対しては寛容に接し，自らには厳しくつとめる，すなわち他者に対するやさしさと自らに対する厳しさを的確に表現した条文である。

　教師は，いうまでもなく，人とのかかわりを主たる仕事の対象とする。教師は児童生徒との人間関係，保護者との人間関係，学校組織内の教職員との人間関係，地域との人間関係の中で，職務を遂行している。教師の仕事の充実化には，人間関係の円滑化が鍵を握ることになる。人間関係を円滑にするために第

1に必要なことは，相手に対して思いやりの精神をもって接することである。また相手に対して寛容の精神で接し，相手を受け入れること，まさに「清濁併せのむ」ことが必要である。佐藤一斎の『言志後録』第33条にみられる直観性の高い，極めてシンプルな内容の中に，人間としての在り方生き方の要諦が体系的に内包されていると筆者は思量する。以下にその体系的な内容を具体的に述べてみる。

「春風を以て人に接し」は，ことわざでは「春風駘蕩」とあるがごとく，他者に対する「うやまい」の精神，「恕」の精神で他者に接することを表現している。これは他者に対してはリラックスして接するが気を緩めることを意味しているのではない。他者に対する接し方・在り方，社会に対する在り方，社会の中で他者との共生を図るにふさわしい接人態度を示している。

「恕」とは，その漢字の成り立ちから「（相手の）心の如し」という意味合いが看取できる。その意味から敷衍して，「愛を以て他者を思いやること」，「愛を以て他者をゆるすこと」（清濁併せ呑む寛容さ）を表現している。また「恕」の精神は「人間尊重」の精神で他者に接することにつながる。この「人間尊重の精神」とは，簡単にいえば自分以外の他者を決してあなどらず，見下さないことである。たとえば江戸時代等の真剣勝負の立ち合いの場においては，相手をあなどり油断することは，即，死を意味する。すべての人をあなどらず，見下さず，なめないために大切なことは，他者が自分とは別個の存在であるということを再認識することである。別個の存在である他者には，かならずや自分にはない何か偉大な価値（something great），「すごさ」がある。それを尊重するのである。またその価値を見いだし引き出そうとするところに，教師の児童生徒に対する愛情も生じるのである。おのずから，自らの力量形成へのモチベーションを高めることにつながるであろう。

「秋霜を以て自ら粛む」とは，「秋霜烈日」という四字熟語があるように，自らを厳しい環境におき，鍛え・錬り・磨くことを意味している。「忠」の精神の体現ともいえるであろう。「忠」は使命感，責任感，勇気にもつながる精神であり，仕事の遂行のための力量形成にとって欠かせない精神である。自らに対する「つつしみ」の精神の体現である。「秋霜を以て自ら粛む」は，「忠」の

精神で自らを厳しい環境に置き、自らを鍛え・錬り・磨き、社会や他者のために具体的に行動するための力量の形成をうたっている。「忠」の字は、その字形が「口と心に一本の棒がつらぬき通っている」ことから、「まごころ」「他者のために己を尽くすこと」を表現しているのである。自分に対しては厳しい姿勢で臨み、他者のために誠を尽くす精神の体現といえる。教師はまさに、児童生徒の自己実現のために、自らの力量を高め、自らのもてる実力を十二分に発揮することが求められる。加えてこの一節は、原因を自分に求め（矢印を自らに向け）、絶えず自らを鍛え・錬り・磨き、自己の能力を高めていき、自己改善・自己変容・自己向上を図る姿勢も表現されているといえよう。人に対して寛容であるためには、自らに力量をつけて強くやさしくなければならないのである。厳しい環境に身を置き、自らを鍛え・錬り・磨く「学び」のためには、「学び」の感性を高めることも肝要となる。「学び」のための「心の環境づくり」である。

2 「教え」・「学習指導」（教育方法・実践）の知恵

　教育については、児童生徒の個性を尊重し、その個性を価値として引き出し、それを伸ばしていくことが大切である。また、「実践躬行」という言葉があるように、手本を示し、行動を通して教えることが求められよう。そして究極の教えの知恵が後述する「化」（存在によって暗黙のうちに導く）である。
　今日の学校教育においては、あらゆる教科・科目に共通して、言語活動の充実化が標榜されている。言語を教育的手段の一つとするのは当然である。しかしながら、先人の思想においては、言語で教えることについては、非常に消極的な意味合いが付加されていたといえよう。
　言葉で教えるのは、行動によって教えることができない場合である。教師に求められるのは "How to say" ではなく "How to do" である。以下にそれらについてみてみよう。

（1）個性に従って教える。

　佐藤一斎『言志後録』第12条には「誘掖（ゆうえき）して之れを導くは，教の常なり。」（誘掖而導之。教之常也。）とある。江戸時代においても学習者の個性を大切にした教育が行われていた。江戸時代の師といわれる立場にあった人は，学ぶ者の個性を見抜き，それに応じた教育を行うように努力していたといえよう。一人ひとりの個性を見極め，個性に応じた教育方法・学習方法をもって，その児童生徒に向き合い教え導く。個性に内在する価値を見いだす，ほめて引き出す，厳しく指導して引き出す，児童生徒が自らの力で成長していくのを見まもる，等，さまざまな教育方法を活用することが求められよう。

　佐藤一斎の『言志晩録』第167条には「勧学の方（ほう）は一ならず。各々其の人に因りて之れを施す。称（ほ）めて之れを勧（すす）むること有り。激して之れを勧（すす）むること有り。又称めず激せずして其（そ）の自ら勧むるを待つ者有り。猶ほ医人の病に応じて剤（くすり）を施すに，補瀉（ほしゃ）一ならず，必ず先づ其の症（やまい）を察して然（しか）するがごとく然り。」とある。学習を進める方法について端的に記している。ほめてやる気き・意欲を引き出したり，叱咤激励してやる気・意欲を引き出したり，自らの内発的動機付けにより，やる気・意欲を生じるのを待つことをしたりと，児童生徒の個性を見極め，それぞれの個性に対応した指導を，まさに医師が患者に対して症状に応じた薬の処方をするごとくに記されている。児童生徒の個性を見極め，それに応じた教育・指導を行うことは，教師として基本的なことであるが，今一度先人の思想から確認しておくことが必要である。

（2）手本を示す指導：実践躬行・率先垂範

　佐藤一斎の『言志後録』第12条には「躬行（きゅうこう）して以て之れを率（ひき）ゐるは，教の本（もと）なり。」（躬行以率之。教之本也。）とある。教師にとって，まず求められるのは「行動」で教えることである。行動で教えなければ，児童生徒はついてこない。「示範する」「体現する」ことが求められる。それとともに学校教育法第31条にも学校教育における体験活動の充実化が規定されているように，児童生徒に具体的に行動させ，行動を通して体得させることが求められる。児童生徒の人格の完成に向けて児童生徒の心身の成長発達を図ることを本務とする教師

にとって，人間としての在り方生き方はいうまでもなく，教科・科目の内容において具体的に行動を通して手本を示す指導，率先垂範の指導は，まさに教育・指導の根本をなすものであり，それできなくして教員免許状というライセンスを取得している「プロの教師」とは言いがたい。人間としての在り方生き方の範を示すためには日常生活を見直し，教師自らが日常生活において本体を形成する努力をしっかりとすべきである。また教科・科目の専門性を図るべく，教師は絶えず学び続けることが求められる。佐藤一斎の『言志耋録』第2条には「躬教は迹なり。」（躬教。迹也。）とある。この条文も，教師が具体的に手本を示すこと，行動によって語ることの重要性を簡潔に述べている。「迹」とは「痕跡」である。教師の痕跡（行動）を児童生徒がたどっていく。後ろからついていく。そんなイメージである。児童生徒が教師について行くとき，彼らは教師の背中を負う。その背中は人間的魅力の凝縮したものでなければならない。それが背中に現れる人間的な温かさである。人間的な温かさ，人間的魅力がなければ，だれもその人について行きたいとは思わないであろう。「背は煖ならんことを欲す。」（『言志録』第13条）であろう。

（3）「化」：「感化」「存在」・薫陶・人格的影響力

　教えの在り方として3つめには「化」が挙げられる。この「化」については，『言志後録』第12条，『言志耋録』第2条・第125条・第277条にみられる。『言志後録』第12条には「言はずして之を化するは，教の神なり。」（不言而化之。教之神也。）とある。「化」とは，存在によって暗黙のうちに導くことであり，まさにそれこそが教えの「神」，すなわち神妙なものである。教師の存在それ自体によって，児童生徒は自然と影響を受け，知らず知らずのうちに，善へと導かれる。これが大切なのである。そのためには，教師は自らも絶えず学ぶ姿勢を持ち，絶えず自らを鍛え・錬り・磨き続けておくことが肝要となる。佐藤一斎の『言志耋録』第2条には「心教は化なり。」（心教。化也。）とある。「心教」とは教育者が自らの心で教えることであり，相手の心に影響を及ぼす教え方であり，すなわち「化」である。教師からにじみでる人格的影響力，道徳性によって人に影響を及ぼすことである。加えて佐藤一斎の『言志耋録』第125

条には「道徳を以て化する者は，則ち人，自然に服従して痕跡を見ず。」(以道徳化者。則人自然服従。不見痕迹。) とある。「道徳を以て化する」とは「言はずして之れを化する」ことすなわち「心教」を行う（心で教える）ことである。教えを受ける者は，知らず知らずのうちに，教育者からにじみ出る人格的影響力，道徳的影響力により，教育者に自然と従う。薫陶とか薫華とよばれるものである。佐藤一斎の『言志耋録』第277条には「化して之れを教ふるは，教，入り易きなり。」(化而教之。教易入也。) とある。人格から醸し出す薫り，態度教育・無言の教育，背中で語る教育である。皇至道は「教育の要諦を最も簡明に把握したものとして含味に値する。教師が人格的に児童・生徒を化することが，知識や技能を教えることの根底にあるということを，これほど適切に表現した名言は，世界の教育史にも稀ではないかと思う。」(皇 1975：15) と述べている。

　小原國芳は，教師が児童生徒を化することの必要性について，（私たちの教育に）「付加したい一つがある。それは無意識の感化である。暗示である。火花である。霊感である。」(玉川大学出版部 1996：122-123) と述べている。

　教師には，自らの人間性，道徳性を高め，児童生徒に対して人格的影響力を及ぼすことが必要であることを端的に示している。教師による児童生徒に対する薫陶は，道徳教育，教科教育の双方に当てはまるのみならず，広く生徒指導において望まれるところである。教師の在り方の理想とも言える。児童生徒に知らず知らずに道徳的な影響を与え，心に響かせ，内面から変容させていく指導である。

　今，アクティブラーニングの手法が「深い学び」「対話的学び」「探究的学び」を3本の柱として学校現場に導入されつつある。児童生徒が「学び」の主体者として，学び合い，学びとることが主眼とされている。当然教師はその推進役でもある。しかしながら，ここで肝に銘じておかなければならないのは，教師は「教育のプロ」であり。授業の主宰者であり教育の主体者である。学校現場での授業を主導するのはあくまでも教師である。教師は，アクティブラーニングの手法を導入するとしても，教育の主体者として，授業の主導者として，児童生徒の主体的な学びのコーディネーター，ファシリテーターとして，自ら

の存在力を発揮する必要がある。教師の存在力が即人間力＝教育力・指導力として発揮できることが求められよう。そのためにも教師は，自らを厳しい環境に置き，絶えず自らを鍛え・錬り・磨き続けること，すなわち学び続けることが肝要であろう。

3　校務分掌の知恵

　校務分掌は，学校における教育活動の円滑な推進のために必要不可欠な活動であり，たとえ事務作業であってもその背後には児童生徒の心身の成長発達の支援，児童生徒の人格の完成に向けての教育活動がある。そのことをしっかりと意識して，日々の校務分掌にあたることが肝要である。教師が学校における「プロ」の教師であるためには，ICT，アクティブラーニングの手法を適切に駆使して授業ができること，クラスの担任を受け持つことは言うまでもなく，その他の校務分掌を担当し，業務を適切に処理することが求められる。校務分掌は雑務ではなく，立派な教育活動，教師の本務の一つといえる。この校務分掌を，教師の「本務」の一環であるとの深い自覚のもとに取り扱うために，佐藤一斎をはじめとする先人の教えが活用できる。佐藤一斎の『言志四録』の中には，人間が日常生活を通して，あるいは日常生活で遭遇するさまざまな出来事等を通して，人間を鍛え・錬り・磨いていくという内容の条文が随所に見られる。

　佐藤一斎の『言志晩録』第221条には，「事に処し物に接して，此の心を錬磨すれば，則ち人情事変も一併に錬磨す。」（處事接物。錬磨此心。則人情事變。亦一併錬磨。）とある。接する人，取り扱う物事によって自らが磨かれるという信念をもって，職務遂行をすることの重要性が看取される。「人情事変も一併に錬磨す」とは自然に人情機微を知り，事変に対しても動揺しない心構えを身に付ける。日々の目の前の事務仕事もその背後には児童生徒そして保護者がいるのであり，真心を込めてていねいに取り扱うことにより，日々の教育実践にも活力があふれ，児童生徒そして保護者との信頼関係構築も実現するのである。

佐藤一斎の『言志晩録』第263条には,「多少の人事は皆是学なり。人謂ふ,近来多事なれば学を廃す,と。何ぞ其の言の繆れるや。」(多少人事皆是學。人謂近來多事廢學。何其言之繆也。)と記ある。この条文の大意は,「多くの世間のことがらは,すべてにおいて自らを人間的に鍛え・錬り・磨いてくれる学びの対象である。人はよく,最近,忙しくてなすべきことが多く,学問をやめてしまった,というがその言葉のなんとあやまりであることか」,となろう。自らの周りの人・物・事,あらゆるもの,すなわち自らの環境を,自らを人間として鍛え・錬り・磨いてくれる「学び」の対象としてとらえるのである。そうすれば,自分のあらゆる環境が「学び」の場・機会となり,まさに「生きることは学ぶこと」「学ぶことは生きること」として,自らの生活の場を学びの場として充実して過ごすことが可能となる。教師はともすれば事務仕事を「雑務」ととらえることがある。しかし世の中に「雑務」はない。「雑」なのは取り扱うその人の「心の持ちよう」である。自らのあらゆる環境を自らを鍛え・錬り・磨き人間的に成長させてくれる「学び」の対象ととらえるならば,あらゆるものをプラスの側面からみることができ,積極的な精神が涵養される。「カチン」ときたら感謝する。反省の矢印を自分に向けることにより,自己反省,自己改善,自己変容,自己成長が可能となる。真心を込めて接していくことにより自らの心が鍛え・錬り・磨かれていく。この「学び」とは瞬間瞬間に発動する。

　「学び」の瞬間とはさまざまな場面において己に克つことである。瞬間瞬間が自己成長のための「学び」である。自らを鍛え・錬り・磨くのは,一呼吸の瞬間である。そこで佐藤一斎の『言志後録』第34条が示唆を与えてくれる。同条には「克己の工夫は,一呼吸の間に在り。」(克己工夫。在一呼吸間。)とある。己に克つための工夫は,一呼吸(ここぞ)という瞬間にあるという意味であるが,「教育の適時性」にも応用できる。教師は児童生徒の成長の瞬間を見逃すことなく,そこを認め,適時適切に指導することが肝要である。

　あらゆるものを,自らを人間的に成長させてくれる「学び」の対象ととらえた場合に,心の状態は非常に積極的,前向きであることが理解できるだろう。それはなぜか。「学び」には「感謝の心」が内包されているからであろう。「学

ぶ」という行為には，自分にはない価値を身に付けるという部分があるからであろう。

校務分掌は，教師が学校という組織の中で，組織の一員として業務を遂行するものである。自らの怠りが組織全体にマイナスの影響を及ぼすことは明白である。一人一人が積極的・前向きな精神態度で臨むためにも，自らの取り扱う分掌業務を，自らを人間的に鍛え・錬り・磨きあげてくれる「学び」の対象としてとらえることは有益であろう。

また，日々の環境を楽しむことも有益である。身を置いた環境がたとえ厳しくつらい環境であっても，あるいは思い通りにいかない，不本意な状況であっても，そこから脱出すべくもがき苦しむのではなく，主体性を失わないで，その場の環境に身を置くことを楽しむことが肝要となる。佐藤一斎の『言志後録』第25条にも次のような一節がある。

　　人の一生遭う所には，険阻有り，坦夷(たんい)有り，安流(あんりゅう)有り，驚瀾(きょうらん)有り。是れ気数の自然にして竟(つい)に免(あた)るるに能わず。則ち易理なり。
　　人は宜しく居って安んじ，玩(もてあそ)んで楽しむべし。
　　（人一生所遭。有険阻。有坦夷。有安流。在驚瀾。是氣數自然。竟不能免。即易理也。／人宜居而安焉。玩而樂。）

人の人生には，険しい道のりもあれば，平坦な道のりもある。また安らかな川のせせらぎを感じるときもあれば，怒濤の荒れ狂う波に遭遇するような時もある。禍福はあざなえる縄のごとしの如く，免れることのできぬ世の中の理（ことわり）のもとで，時としてままならぬ，思い通りにゆかぬ，また不本意な状況，境遇に身をゆだねようとも，自らの教師としての志，主体性を保ちつつ，自ら精一杯生きることが大切である。

4 生徒指導の知恵

生徒指導とは，社会性の涵養（公共の精神の涵養並びに規範意識の醸成）と

生徒の自己指導能力の育成を目的として行われる営みである。そのためにも自律の精神を高め，規律ある行動，基本的学習習慣の形成等が求められる。ここで先人に学ぶ知恵として取り上げたいのは，生徒指導における「七八分」の効用である。これは，児童生徒との調和的人間関係を重視した生徒指導（筆者は「調和的生徒指導」と呼んでいる）に有益である。佐藤一斎の『言志晩録』第200条には，「事物は大抵七八分を以て極処と為す。」（事物大抵以七八分爲極處）として，七八分を事物の「極処」と捉えている。物事には全力を出し切ることと七八分でとどめておくことの二通りある。但し，全力を出し切るとは，いい意味で自らのもてるものを出し切ることであり，力みが入ってしまうものではないことは付言する必要がある。何事においても，身体の力を抜いてリラックスして事に臨まなければならない。そのためには，あらゆることにおいて，「遊び」の部分が必要となる。以下に示す佐藤一斎の『言志晩録』第233条は「調和」と「遊び」を含めた生徒指導の極意ともいえる条文である。

　　人の過失を責むるには，十分なるを要せず。宜しく二三分を余し，渠れをして自棄に甘んぜずして，以て自新を寛めしむれば，可なり。
　　（責人之過失。不要十分。宜餘二三分。使渠不甘自棄以寛自新。可。）

　この条文では，人の過失の責め方の要諦は，二三分余すところにあることを示している。二三分余し自己反省・自己改善の余地を残す。相手に余韻を残す。責める方も責められる方にも心の余裕が生まれる。メンタルバランスを崩さない過失の責め方である。この指導は，生徒指導の現実に即した実際的な指導であると思われる。時として問題行動を起こした児童生徒を指導する場合には，教師は一度に責めすぎてしまうことがある。責めすぎてしまうと，児童生徒の心に反省する余裕がなくなり，逆に教師に対して反発してしまうことも考えられる。児童生徒に反省する余地を与えるとともに，自己反省，自己改善，自己変容を行わせる指導である。教師が十分過ぎるほどに児童生徒に指導するのではなく，七・八分程度で指導し，二・三分余す指導である。この二三分余す，児童生徒に「自新」をもたらす生徒指導の知恵は，現代の学校教育に活用する

至高の知恵ともいえるのではないだろうか。

参考文献
岡田武彦監修（1991）『佐藤一斎全集　第十一巻　言志四録　上』明徳出版社.
岡田武彦監修（1993）『佐藤一斎全集　第十二巻　言志四録　下』明徳出版社.
佐藤一斎著，川上正光全訳注（1978）『言志四録（一）〜言志録〜』講談社学術文庫.
皇至道（1975）『人類の教師と国民の教師』玉川大学出版.
玉川大学出版部（1996）『贈る言葉　小原國芳』.
菅野覚明（2009）『日本の元徳』日本武道館.

（上寺康司）

第12章

学校教師の役割としての進路指導

　　進路指導は，在り方生き方教育である。この世に生をうけた自己が職業生活や社会生活とのトータルな関係の中でいかに自己実現を図っていくかという「基礎的・汎用的能力」を育てる教育である。
　　戦後，「職業指導」という名称から始まり，社会の変化に呼応しながら「進路指導」と名称を変えてきた進路指導は，さらに急速で大きな社会の変化や課題に主体的に対応できる能力の育成をめざし，キャリア教育という概念との関係のもと現在の姿になってきている。
　　そこで，本章では，まず職業指導から進路指導に名称が変更された経緯や，近年注目が集まり重要視されてきているキャリア教育と進路指導との関係をあきらかにし，その概念や意味について解説する。次に，進路指導が現在どのように行われているかを紹介する。

1　進路指導の概念と意味

(1) 進路指導の概念の変遷

　学校教育において進路指導は，生徒が自ら将来の進路を選択・計画し，就職または進学してその後の生活によりよく適応し，進歩する能力を伸長するように，教師が組織的・継続的に指導援助する過程であり，学校の教育活動全体を通じて，計画的・組織的に行われるものである。
　つまり，進路指導とは単に学校卒業時における就職あるいは上級学校選択の指導のみを示すものではなく，個々の生徒の能力・適性等の発見と開発を前提としつつ，生徒が自主的に進路の選択をし，自己実現を達成していく能力・態度の育成を図る教育活動であり，将来の生活における生き方の指導・援助であ

る。

　戦後の中学校の教育課程における進路指導の位置付けは，さまざまに変容して今日に至っている。1947（昭和22）～1951（昭和26）年頃は，新制中学校において新たに設けられた教科であった「職業科」と職業指導とが密接に関連するとの基本的な位置付けが与えられた。しかし，当時の文部省は「その地域の事情に即し，生徒の実情に即し，学校の実情によって，どういう関連で指導するかを，校長の裁量によって決定してもらいたい」という方針であり，まだ方向性は確定されていなかった。また，1951（昭和26）～1956（昭和31）年頃には，「職業科」の後身教科として登場した「職業・家庭科」との具体的な関連性について文部省の方針の確定に向けて改訂が重ねられた。次に，1956（昭和31）～1958（昭和33）年頃には，進路学習に相当する部分が「職業・家庭科」の一部（第6群）として位置付けられ，体系的な内容が定められた。そして，1958（昭和）33～1969（昭和44）年の頃には，新教科「技術・家庭科」の登場によって「職業・家庭科」が廃止され，進路指導が「特別教育活動」における「学級活動」の一部として位置づけられた。それから，1969（昭和44）年～現在においては，「特別活動」における「学級指導」（およびその後の「学級活動」）を中核的な場面としつつ，学校の教育活動全体を通じて進路指導が計画的に行われるものとされた。2008（平成20）年に改訂された中学校学習指導要領においても，1969（昭和44）年版学習指導要領で進路指導が総則に位置付けられ，1977（昭和52）年版学習指導要領において「学校の教育活動の全体を通じて（中略）進路指導を行う」と明示された在り方は堅持されている。その総則には，「生徒が自らの生き方を考え主体的に進路を選択することができるよう，学校の教育活動全体を通じ，計画的，組織的な進路指導を行うこと」（第4，2（4））及び「生徒が学校や学級での生活によりよく適応するとともに，現在及び将来の生き方を考え行動する態度や能力を育成することができるよう，学校の教育活動全体を通じ，ガイダンスの機能の充実を図ること」（同（5））とそれぞれ定められている。

　また，特別活動における「学級活動」では，（2）（3）として次のような活動内容が示されている。

（2） 適応と成長及び健康安全
ア　思春期の不安や悩みとその解決
イ　自己及び他者の個性の理解と尊重
ウ　社会の一員としての自覚と責任
エ　男女相互の理解と協力
オ　望ましい人間関係の確立
カ　ボランティア活動の意義の理解と参加
キ　心身ともに健康で安全な生活態度や習慣の形成
ク　性的な発達への適応
ケ　食育の観点を踏まえた学校給食と望ましい食習慣の形成

（3） 学業と進路
ア　学ぶことと働くことの意義の理解
イ　自主的な学習態度の形成と学校図書館の利用
ウ　進路適性の吟味と進路情報の活用
エ　望ましい勤労観・職業観の形成
オ　主体的な進路の選択と将来設計

　このうち（3）として示される各内容が進路指導と密接な関連があることは言うまでもないが，（2）の「イ」「ウ」「オ」等は進路指導とも深く関連した内容であり，生徒の自主的，実践的な態度を育成するよう十分に配慮しつつ，系統的な指導計画を作成することが求められている。
　また，「特別活動」の「学校行事」のうち「勤労生産・奉仕的行事」は，「勤労の尊さや創造することの喜びを体得し，職場体験などの職業や進路にかかわる啓発的な体験が得られるようにするとともに，共に助け合って生きることの喜びを体得し，ボランティア活動などの社会奉仕の精神を養う体験が得られるような活動を行うこと」と定められ，進路指導における啓発的経験（＝体験的なキャリア教育）の機会として重視されている。

（2）職業指導主事と進路指導主事

　1953（昭和28）年，文部省令第25号「学校教育法施行規則の一部を改正する省令」において，「職業指導主事は教諭をもってこれにあてる。校長の監督を受け生徒の職業指導をつかさどる。」と規定された。当時は，現在とは違い，高等学校進学率は50％に満たず，多くの中学生は卒業してすぐに就職していた。そのため職業指導には専任の教諭をあて，その職業指導主事を中心に校内の体制を確立し，社会的な要請に応えていった。

　1955（昭和30）年の文部省『職業指導の手びき——管理・運営編』では，「学校における職業指導は，個人資料，職業・学校情報，啓発的経験および相談を通じて，生徒みずからが将来の進路の選択，計画をし，就職または進学して，さらにその後の生活によりよく適応し，進歩する能力を伸長するように，教師が教育の一環として，組織的，継続的に援助する過程である」としている。その後，中学校卒業生の高等学校への進学率は急激に上昇し，中学校卒業後の進路は上級学校への進学が多くを占めることとなった。

　1961（昭和36）年の文部省『進路指導の手引——中学校学級担任編』日本職業指導協会では，「進路指導とは，生徒の個人資料，進路情報，啓発的経験および相談を通じて，生徒みずから，将来の進路の選択，計画をし，就職または進学して，さらにその後の生活によりよく適応し，進歩する能力を伸長するように，教師が組織的，継続的に援助する過程である。」と進路指導を定義している。

　そして，1971（昭和46）年，文部省令が改正され，職業指導主事の名称が，進路指導主事に改称された。前述の通り，職業指導と進路指導の定義がほとんど同一の文言によって記されていることからわかるように，「進路指導」という用語は職業指導の語義をそのまま引き継ぐ概念として登場している。つまり，職業指導という用語が，就職を希望する生徒のみを対象とするものであるとの誤解を助長する要因ともなっており，職業教育との混同も招きがちであるとの判断による呼称変更でもあった。これにより，学校の教育活動全体を通じ，進路指導主事を中心にして計画的，組織的に行われる指導としての進路指導が，さらに明確に位置づけられた。

しかし，以前とは逆に，加熱する上級学校への進学志向が進路指導の本来の目的を狭めてしまい，単に進路先決定として，高等学校への進学指導になってしまっているのではないかという指摘を受けている現状もあった。

2 キャリア教育と進路指導

(1) 進路指導の課題

前述のように，中学校，高等学校とも，進路指導に役立てるために収集している資料としては，上級学校に関するものは極めて多いが，職業観形成の援助に関するもの，新しい環境への対応に関するものは十分収集されてはいないという問題点が指摘されている。

また，1983（昭和58）年の文部省『進路指導の手引——高等学校ホームルーム担任編』日本進路指導協会には，「進路指導は，生徒の一人ひとりが，自分の将来の生き方への関心を深め，自分の能力・適性等の発見と開発に努め，進路の世界への知見を広くかつ深いものとし，やがて自分の将来への展望を持ち，進路の選択・計画をし，卒業後の生活によりよく適応し，社会的・職業的自己実現を達成していくことに必要な，生徒の自己指導能力の伸長を目指す，教師の計画的，組織的，継続的な指導・援助の過程」であると示されている。つまり，本来の進路指導は，卒業時の進路をどう選択するかを含めて，さらにどういう人間になり，どう生きていくことが望ましいのかといった長期的展望に立って指導・援助するという意味で「生き方の指導」とも言える教育活動なのである。確かに，卒業直後の進学・就職が，将来の社会生活・職業生活に少なからぬ影響を与えることは事実である。それゆえ当時の実践の多くは，入学試験・就職試験に合格させることに力点を置き，その一方で，生徒一人一人が自ら主体的に将来を切り拓き社会参画するための力の育成については不十分な点を残していた。しかし，自らの長期的な将来展望との関連を十分検討しないまま，進学したり，就職したりすることが，その後の無気力や不適応を引き起こす要因となる場合もある。

（2）キャリア教育登場の背景と経緯

　キャリア教育の重要性が叫ばれるようになった背景には，20世紀後半におきた地球規模の情報技術革新に起因する社会経済・産業的環境の国際化，グローバリゼーションがある。その影響は日本の産業・職業界に構造的変革をもたらしたことにとどまらず，我々の日常生活にも大きな影響を及ぼした。キャリア教育導入の背景を考える上では，このような社会環境の変化が，子どもたちの成育環境を変化させたと同時に子どもたちの将来にも多大な影響を与えることを認識することが重要である。情報技術革新は，子どもたちの成長・発達にまで及び，さらに教育の目標，教育環境にも大きな影響を与え始めている。

　子どもたちをめぐる課題をもう少し具体的に挙げてみよう。今，子どもたちが育つ社会環境の変化に加え，産業・経済の構造的変化，雇用の多様化・流動化等は，子どもたち自らの将来のとらえ方にも大きな変化をもたらしている。子どもたちは，自分の将来を考えるのに役立つ理想とする大人のモデルが見つけにくく，自らの将来に向けて希望あふれる夢を描くことも容易ではなくなっている。また，環境の変化は，子どもたちの心身の発達にも影響を与え始めている。たとえば，身体的には早熟傾向にあるが，精神的・社会的側面の発達はそれに伴っておらず遅れがちであるなど，全人的発達がバランス良く促進されにくくなっている。具体的には，人間関係をうまく築くことができない，自分で意思決定できない，自己肯定感をもてない，将来に希望をもつことができない，といった子どもの増加などがこれまでも指摘されてきたところである。

　とどまることなく変化する社会の中で，子どもたちが希望をもって，自立的に自分の未来を切り拓いて生きていくためには，変化を恐れず，変化に対応していく力と態度を育てることが不可欠である。そのためには，日常の教育活動を通して，学ぶ面白さや学びへの挑戦の意味を子どもたちに体得させることが大切である。子どもたちが，未知の知識や体験に関心をもち，仲間と協力して学ぶことの楽しさを通して，未経験の体験に挑戦する勇気とその価値を体得することで，生涯にわたって学び続ける意欲を維持する基盤をつくることができる。また，多くの学校で実践されている自然体験や社会体験等の体験活動は，他者の存在の意義を認識し，社会への関心を高めたり社会との関係を学んだり

する機会となり，将来の社会人としての基盤づくりともなる。

　さらに，子どもたちが将来自立した社会人となるための基盤をつくるためには，学校の努力だけではなく，子どもたちにかかわる家庭・地域が学校と連携して，同じ目標に向かう協力体制を築くことが不可欠である。今，子どもたちが「生きる力」を身に付け，社会の激しい変化に流されることなく，それぞれが直面するであろうさまざまな課題に柔軟かつたくましく対応し，社会人として自立していくことができるようにする教育が強く求められている。

　次に，キャリア教育が必要となった背景と課題を挙げてみよう。まず，情報化・グローバル化・少子高齢化・消費社会等学校から社会への移行をめぐる課題では，①社会環境の変化・新規学卒者に対する求人状況の変化・求職希望者と求人希望との不適合の拡大・雇用システムの変化，②若者自身の資質等をめぐる課題・勤労観，職業観の未熟さと確立の遅れ・社会人，職業人としての基礎的資質・能力の発達の遅れ・社会の一員としての経験不足と社会人としての意識の未発達傾向が挙げられる。子どもたちの生活・意識の変容では，①子どもたちの成長・発達上の課題・身体的な早熟傾向に比して，精神的・社会的自立が遅れる傾向・生活体験・社会体験等の機会の喪失，②高学歴社会における進路の未決定傾向・職業について考えることや，職業の選択，決定を先送りにする傾向の高まり・自立的な進路選択や将来計画が希薄なまま，進学，就職する者の増加が挙げられる。また，学校教育に求められている姿では，・学校の学習と社会とを関連付けた教育・生涯にわたって学び続ける意欲の向上・社会人としての基礎的資質・能力の育成・自然体験，社会体験等の充実・発達に応じた指導の継続性・家庭・地域と連携した教育，が求められている。そして，社会人として自立した人を育てる観点から，「生きる力」の育成を目指している。

　我が国において「キャリア教育」という文言が公的に登場し，その必要性が提唱されたのは，1999（平成11）年12月，中央教育審議会答申「初等中等教育と高等教育との接続の改善について」においてであった。同審議会は「キャリア教育を小学校段階から発達段階に応じて実施する必要がある」とし，さらに「キャリア教育の実施に当たっては家庭・地域と連携し，体験的な学習を重視

するとともに，各学校ごとに目的を設定し，教育課程に位置付けて計画的に行う必要がある」と提言している。この答申を受け，キャリア教育に関する調査研究が進められ，2002（平成14）年11月には，国立教育政策研究所生徒指導研究センターが「児童生徒の職業観・勤労観を育む教育の推進について（調査研究報告書）」を報告した。同調査研究報告書は，子どもたちの進路・発達をめぐる環境の変化について，数々のデータを基に分析し，「職業観・勤労観の育成が不可欠な『時代』を迎えた」とし，さらに，学校段階における職業的（進路）発達課題について解説するとともに，「職業観・勤労観を育む学習プログラムの枠組み（例）」（後掲表12－1）を示した。

　一方，学校における教育活動が，ともすれば「生きること」や「働くこと」と疎遠になったり，十分な取り組みが行われてこなかったりしたのではないかとの指摘も踏まえ，同年，文部科学省内に「キャリア教育の推進に関する総合的調査研究協力者会議」を設置し，2004（平成16）年1月には，その報告書「児童生徒一人一人の勤労観，職業観を育てるために」を発表した。この間，国は，文部科学大臣，厚生労働大臣，経済産業大臣，経済財政政策担当大臣の関係4閣僚による「若者自立・挑戦戦略会議」が，2003（平成15）年6月に「若者自立・挑戦プラン」を策定し，目指すべき社会として，「若者が自らの可能性を高め，挑戦し，活躍できる夢のある社会」と「生涯にわたり，自立的な能力向上・発揮ができ，やり直しがきく社会」を挙げ，政府，地方自治体，教育界，産業界が一体となった取組が必要であるとした。キャリア教育の推進は，その重要な柱として位置付けられた。その後2006（平成18）年には，内閣官房長官，農林水産大臣，少子化・男女共同参画担当大臣も加え，「若者の自立・挑戦のためのアクションプラン（改訂）」が策定され，キャリア教育のさらなる充実を図ることとした。

　こうした経緯を踏まえ，2006年12月に改正された教育基本法では，第2条（教育の目標）第2号において「個人の価値を尊重して，その能力を伸ばし，創造性を培い，自主及び自律の精神を養うとともに，職業及び生活との関連を重視し，勤労を重んずる態度を養うこと」が規定された。また，同法第5条（義務教育）第2項では「義務教育として行われる普通教育は，各個人の有す

る能力を伸ばしつつ社会において自立的に生きる基礎を培い，また，国家及び社会の形成者として必要とされる基本的な資質を養うことを目的として行われるものとする」と定められた。

さらに，翌年，2007（平成19）年には，学校教育法第21条（義務教育の目標）において，第１号「学校内外における社会的活動を促進し，自主，自律及び協同の精神，規範意識，公正な判断力並びに公共の精神に基づき主体的に社会の形成に参画し，その発展に寄与する態度を養うこと」，第４号「家族と家庭の役割，生活に必要な衣，食，住，情報，産業その他の事項について基礎的な理解と技能を養うこと」，第10号「職業についての基礎的な知識と技能，勤労を重んずる態度及び個性に応じて将来の進路を選択する能力を養うこと」が定められ，これらが今日，キャリア教育を推進する上での法的根拠となっている。

また，文部科学省は，2005（平成17）年から学習指導要領の改訂作業を進め，国民からの意見聴取を経て，2006（平成20）年３月，幼稚園教育要領と小・中学校学習指導要領を公示した。新学習指導要領の中では，随所にキャリア教育が目指す目標や内容を盛り込んでいる。

（３）キャリア教育の定義

2011（平成23）年の中央教育審議会答申「今後の学校におけるキャリア教育・職業教育の在り方について」では，キャリア教育を「一人一人の社会的・職業的自立に向け，必要な基盤となる能力や態度を育てることを通して，キャリア発達を促す教育」と定義した。また，この定義を提示した理由を次のように述べている。キャリア教育の必要性や意義の理解は，学校教育の中で高まってきており，実際の成果も徐々に上がっている。しかしながら，「新しい教育活動を指すものではない」としてきたことにより，従来の教育活動のままでよいと誤解されたり，「体験活動が重要」という側面のみをとらえて，職場体験活動の実施をもってキャリア教育を行ったものとみなしたりする傾向が指摘されるなど，一人一人の教員の受け止め方や実践の内容・水準には，ばらつきのあることも課題としてうかがえる。このような状況の背景には，キャリア教育のとらえ方が変化してきた経緯が十分に整理されてこなかったことも一因とな

っていると考えられる。このため，今後，上述のようなキャリア教育の本来の理念に立ち返った理解を共有していくことが重要である。

　キャリア教育を理解するためには，上に示した定義における「キャリア」「キャリア発達」についての正しい理解が重要である。

　前述の中教審答申では「キャリア」について以下のように説明している。

　人は，他者や社会とのかかわりの中で，職業人，家庭人，地域社会の一員等，さまざまな役割を担いながら生きている。これらの役割は，生涯という時間的な流れの中で変化しつつ積み重なり，つながっていくものである。また，このような役割の中には，所属する集団や組織から与えられたものや日常生活の中で特に意識せず習慣的に行っているものもあるが，人はこれらを含めたさまざまな役割の関係や価値を自ら判断し，取捨選択や創造を重ねながら取り組んでいる。人は，このような自分の役割を果たして活動すること，つまり「働くこと」を通して，人や社会にかかわることになり，そのかかわり方の違いが「自分らしい生き方」となっていくものである。このように，人が，生涯の中でさまざまな役割を果たす過程で，自らの役割の価値や自分と役割との関係を見いだしていく連なりや積み重ねが，「キャリア」の意味するところである。国立教育政策研究所の手引では，この「キャリア」を「人が，生涯の中で様々な役割を果たす過程で，自らの役割の価値や自分と役割との関係を見いだしていく連なりや積み重ね」ととらえている。人は，誕生から老年期に至るまで，それぞれの環境の中で生きていく。その際，乳幼児であっても，青年であっても，その時々，それぞれの場面で，立場や役割が与えられている。たとえば，中学生は，親から見た子どもであり，中学校に通う生徒であり，友達と遊ぶ余暇人でもある。さらに成長すれば，労働者となり，家庭を築く家庭人となる。これらの役割は，生涯という時間的な流れの中で変化しつつ積み重なり，つながっていくものである。また，人はこれらを含めたさまざまな役割の関係や価値を自ら判断し，取捨選択や創造を重ねながらその役割に取り組んでいる。人は，このような自分の役割を果たして活動することを通して，他者や社会にかかわることになり，そのかかわり方の違いが「自分らしい生き方」となっていくものである。このように，「人が，生涯の中で様々な役割を果たす過程で，自ら

の役割の価値や自分と役割との関係を見いだしていく連なりや積み重ね」の総体を「キャリア」と捉えている。

　また,「キャリア発達」について, 同中教審答申では, 社会の中で自分の役割を果たしながら, 自分らしい生き方を実現していく過程を「キャリア発達」という, と述べられている。子どもの心と体は, 発達の階段を一歩一歩上っていきながら成長していく。そうした発達過程にある子どもたち一人一人が, それぞれの段階に応じて, 適切に自己と働くこととの関係づけを行い, 自立的に自己の人生を方向付けていく過程, 言い換えると「自己の知的, 身体的, 情緒的, 社会的な特徴を一人一人の生き方として統合していく過程」が「キャリア発達」である。具体的には, 社会の中で自分の役割を果たしながら, 自分らしい生き方を実現していくことがキャリア発達の過程と捉えていい。

　人は, 自己実現, 自己の確立に向けて, 社会とかかわりながら生きようとする。そして, 各時期にふさわしいそれぞれのキャリア発達の課題を達成していく。このことが, 生涯を通じてのキャリア発達となるのである。キャリア教育は, そのような一人一人のキャリア発達を支援するものでなければならない。

（4）キャリア教育と進路指導

　キャリアは, 子ども・若者の発達の段階やその発達課題の達成と深くかかわりながら, 段階を追って発達していくものであり, このような発達を踏まえながら, 社会的・職業的自立に向けて必要な基盤となる能力である基礎的・汎用的能力を育てていくことが必要である。このため, キャリア教育は幼児期の教育や義務教育の段階から取り組んでいくことが不可欠であり, 発達の視点を踏まえ, 体系的に各学校段階の取り組みを考えていくことが求められている。

　ここで, キャリア教育が就学前段階から体系的に取り組んでいくべきものである点に改めて注目する必要がある。一方, 進路指導は, 学習指導要領上, 中学校及び高等学校（中等教育学校, 特別支援学校中学部及び高等部を含む）に限定された教育活動である。進路指導は「生き方の指導」などと呼ばれてきたことが示すように, 中学校・高等学校段階に限ってみればそこでのキャリア教育との違いを見いだすことが難しいが, 就学前の幼児の指導に当たる幼稚園・

保育所・認定こども園などや中学校入学までの義務教育を担う小学校，あるいは，大学や短期大学などの高等教育機関などにおいては，「進路指導」と呼ばれる正規の活動は設けられていない。

中学校や高等学校の教職員にとって「進路指導」は日常的に使用する教育用語であり，ほぼ同じねらいをもつキャリア教育という用語が導入されることに違和感を抱く関係者も少なくないだろう。しかし，中学校・高等学校以外の教育機関等の関係者にとっては，「進路指導」という用語を自らの実践課題として認識することの方が困難である。「進路指導は中学校・高等学校で行うもの」という共通理解は広く浸透しており，それを打破することは難しい。たとえば，進路指導の定義中，「就職または進学して，さらにその後の生活に……」とあるが，就職や入試を前提とした上級学校への進学が中学生・高校生にとって極めて大きな意味をもつことにかんがみ，これらの文言を定義に組み入れたものと考えられる。進路指導の定義自体が，中学校・高等学校に限定された教育活動であることを前提として構想されてきたことを物語っているといえよう。

キャリア教育は，就学前段階から初等中等教育・高等教育を貫き，また学校から社会への移行に困難を抱える若者（若年無業者など）を支援するさまざまな機関においても実践されるのである。一方，進路指導は，理念・概念やねらいにおいてキャリア教育と同じものであるが，中学校・高等学校に限定される教育活動である。

(5)「4領域8能力」から「基礎的・汎用的能力」へ

「キャリア教育の推進に関する総合的調査研究協力者会議」では，キャリア教育推進のための方策を討議した際，「キャリア教育を理論的枠組みとする」という理念を実現するためには，「各発達段階における『能力や態度』」を明確化し，それらを獲得し，実践に移せることを目標とした学習プログラムの開発が必要であるという結論に至った。

この調査研究協力者会議に先立って国立教育政策研究所生徒指導研究センターが2004（平成14）年に発表した「職業観・勤労観を育む学習プログラムの枠組み開発」のための研究結果の中で，一つのモデル例として提示した「4領

域8能力の枠組み」が，キャリア教育の枠組みの例として取り上げられた。

　キャリア教育の推進に当たっては，各学校がこの4領域8能力の枠組みを参考として，独自の『育てたい能力や態度』の枠組みを開発することが可能である。4領域としては，「人間関係形成能力」，「情報活用能力」，「将来設計能力」，「意思決定能力」が挙げられている。また，その各々は，2つの能力に分けられている。「人間関係形成能力」は，【自他の理解能力】と【コミュニケーション能力】。「情報活用能力」は，【情報収集・探索能力】と【職業理解能力】。「将来設計能力」は，【役割把握・認識能力】と【計画実行能力】。「意思決定能力」は，【選択能力】と【課題解決能力】。このように，「4領域8能力」が職業的（進路）発達に関わる諸能力として，児童生徒の生活環境の特徴を考慮し，各学校で実践できる枠組みを開発するための一つのモデルとして例示されている。

　ただ，高等学校までの想定にとどまっているため，生涯を通じて育成される能力という観点が薄く，社会人として実際に求められる能力との共通言語となっていない，ということや，提示されている能力は例示にもかかわらず，学校現場では固定的にとらえている場合が多いこと，また，領域や能力の説明について十分な理解がなされないまま，能力等の名称（「○○能力」というラベル）の語感や印象に依拠した実践が散見されるなどの課題が指摘されてきた。そのため，中央教育審議会では，「4領域8能力」をめぐるこれらの課題を克服するため，その後に提唱された類似性の高い各種の能力論（内閣府「人間力」，経済産業省「社会人基礎力」，厚生労働省「就職基礎能力」など）とともに，改めて分析を加え，「分野や職種にかかわらず，社会的・職業的自立に向けて必要な基盤となる能力」として再構成して提示することとした。

　その結果得られたのが，2011（平成23）年1月にとりまとめられた「今後の学校におけるキャリア教育・職業教育の在り方について（答申）」に示された「基礎的・汎用的能力」である。

　また，「基礎的・汎用的能力」は，「人間関係形成・社会形成能力」「自己理解・自己管理能力」「課題対応能力」「キャリアプランニング能力」の4つの能力によって構成される。これらの能力について，答申は次のように述べている。

これらの能力は，包括的な能力概念であり，必要な要素をできる限りわかりやすく提示するという観点でまとめたものである。この4つの能力は，それぞれが独立したものではなく，相互に関連・依存した関係にある。このため，特に順序があるものではなく，また，これらの能力をすべての者が同じ程度あるいは均一に身に付けることを求めるものではない。これらの能力をどのようなまとまりで，どの程度身に付けさせるのかは，学校や地域の特色，専攻分野の特性や子ども・若者の発達の段階によって異なると考えられる。各学校においては，この4つの能力を参考にしつつ，それぞれの課題を踏まえて具体の能力を設定し，工夫された教育を通じて達成することが望まれる。その際，初等中等教育の学校では，新しい学習指導要領を踏まえて育成されるべきである。

　「人間関係形成・社会形成能力」は，多様な他者の考えや立場を理解し，相手の意見を聴いて自分の考えを正確に伝えることができるとともに，自分の置かれている状況を受け止め，役割を果たしつつ他者と協力・協働して社会に参画し，今後の社会を積極的に形成することができる力である。この能力は，社会とのかかわりの中で生活し仕事をしていく上で，基礎となる能力である。特に，価値の多様化が進む現代社会においては，性別，年齢，個性，価値観等の多様な人材が活躍しており，さまざまな他者を認めつつ協働していく力が必要である。また，変化の激しい今日においては，既存の社会に参画し，適応しつつ，必要であれば自ら新たな社会を創造・構築していくことが必要である。さらに，人や社会とのかかわりは，自分に必要な知識や技能，能力，態度を気付かせてくれるものでもあり，自らを育成する上でも影響を与えるものである。具体的な要素としては，たとえば，他者の個性を理解する力，他者に働きかける力，コミュニケーション・スキル，チームワーク，リーダーシップ等が挙げられる。

　「自己理解・自己管理能力」は，自分が「できること」「意義を感じること」「したいこと」について，社会との相互関係を保ちつつ，今後の自分自身の可能性を含めた肯定的な理解に基づき主体的に行動すると同時に，自らの思考や感情を律し，かつ，今後の成長のために進んで学ぼうとする力である。この能力は，子どもや若者の自信や自己肯定感の低さが指摘されるなか，「やればで

きる」と考えて行動できる力である。また，変化の激しい社会にあって多様な他者との協力や協働が求められている中では，自らの思考や感情を律する力や自らを研鑽する力がますます重要である。これらは，キャリア形成や人間関係形成における基盤となるものであり，とりわけ自己理解能力は，生涯にわたり多様なキャリアを形成する過程で常に深めていく必要がある。具体的な要素としては，たとえば，自己の役割の理解，前向きに考える力，自己の動機付け，忍耐力，ストレスマネジメント，主体的行動等が挙げられる。

「課題対応能力」は，仕事をする上でのさまざまな課題を発見・分析し，適切な計画を立ててその課題を処理し，解決することができる力である。この能力は，自らが行うべきことに意欲的に取り組む上で必要なものである。また，知識基盤社会の到来やグローバル化等を踏まえ，従来の考え方や方法にとらわれずに物事を前に進めていくために必要な力である。さらに，社会の情報化に伴い，情報及び情報手段を主体的に選択し活用する力を身に付けることも重要である。具体的な要素としては，情報の理解・選択・処理等，本質の理解，原因の追究，課題発見，計画立案，実行力，評価・改善等が挙げられる。

「キャリアプランニング能力」は，「働くこと」の意義を理解し，自らが果たすべきさまざまな立場や役割との関連を踏まえて「働くこと」を位置付け，多様な生き方に関するさまざまな情報を適切に取捨選択・活用しながら，自ら主体的に判断してキャリアを形成していく力である。この能力は，社会人・職業人として生活していくために生涯にわたって必要となる能力である。具体的な要素としては，たとえば，学ぶこと・働くことの意義や役割の理解，多様性の理解，将来設計，選択，行動と改善等が挙げられる。

「基礎的・汎用的能力」は「4領域・8能力」を補強し，より一層現実に即して，社会的・職業的に自立するために必要な能力を育成しようとするものであり，この点を踏まえた実践の改善が求められている。

3 進路指導の実際と課題

(1) 進路指導の実際

2008（平成20）年告示の学習指導要領には，「生徒が自らの生き方を考え，主体的に進路を選択できるよう，学校の教育活動全体を通じ，計画的，組織的な進路指導を行うこと」と進路指導の留意点として挙げている。進路指導は，具体的には学校行事や学級あるいはホームルーム活動が中心に行われる。高等学校の場合は「望ましい集団生活を通して，心身の調和のとれた発達と個性の伸長を図り，集団や社会の一員としてよりよい生活や人間関係を築こうとする自主的，実践的な態度を育てるとともに，人間としての在り方生き方についての自覚を深め，自己を生かす能力を養う」（2009〔平成21〕年3月）とされ学校の現場で生徒を対象に行う取り組みとしてはつぎのような点が挙げられる。

　生徒が自分の進路適性について図るのを助ける。
　生徒がさまざまな進路情報の活用と理解ができるよう指導・援助する。
　生徒の職業観を育てる。
　生徒が自己に適した進路先を決定できるように援助する。
　生徒が決定した進路先に適応できるように援助する。

このように進路指導の業務は多岐にわたっている。高校では，進路指導に関わる年間指導計画等は各分掌の代表者からなる進路委員会等で作成し，実際の指導や調査書発行などの事務的作業は進路指導主事を中心とした進路部もしくは進路指導部が担当することが多い。中学校の場合は，進路指導主事を中心に学年団が主として取り組むことが多い。

また，この進路に関する指導は，学級活動やホームルームでの指導はもとより，個々の生徒に対して，教育相談も含めた個人面談や保護者も含めた三者面談など，卒業年次にはさらに他の年次にまして回数も重みも増してくることになる。

（2）就職生徒への十分な配慮

　近年，中学校を卒業して就職する生徒は1％弱，高等学校を卒業して就職する生徒は20％弱である。高学歴化が進む今日の社会状況では家庭的・経済的に恵まれない生徒もその中には多く含まれているといってよい。少数派である彼らへの対応は，それだけに進学する生徒以上にきめ細かな配慮のもとに指導していく必要がある。就職における問題は，その時代の社会の問題をそのまま直接受けることが多い。本籍地や家柄や門地など本人とは関係のない属性を取り上げて採用が行われてしまわないように，本人の能力や適性などにより選抜が行われるよう注意する必要がある。憲法第11条の基本的人権として守られているということを念頭に置き，就職活動・就職支援を行っていかなければならない。

（3）在り方生き方教育としての進路指導

　勤労観・職業観は，勤労・職業を媒体とした人生観ともいうべきものであって，人が職業や勤労を通してどのような生き方を選択するかの基準となり，また，その後の生活によりよく適応するための基盤となるものである。

　勤労観・職業観の形成を支援していく上で重要なのは，一律に正しいとされる「勤労観・職業観」を教え込むことではなく，生徒一人一人が働く意義や目的を探究して，自分なりの勤労観・職業観を形成・確立していく過程への指導・援助をどのように行うかである。人はそれぞれ自己の置かれた状況を引き受けながら，何に重きを置いて生きていくかという自分の「生き方」と深くかかわって「勤労観・職業観」を形成していく。「生き方」が人によってさまざまであるように，「勤労観・職業観」も人によってさまざまであってよいからである。

　しかしながら，今日の若者の「勤労観・職業観」に，ある種の危うさがあることを指摘する声は少なくない。職業の世界の実際を把握する機会を与えられず，自己の在り方を職業生活や社会生活とのトータルな関係で考えることができないままに，将来への希望や自信，働くことへの意欲がもてないでいる若者の姿が見られる。「自分なりの勤労観・職業観」という多様性を大切にしなが

らも，そこに共通する土台として，次のような「望ましさ」を備えたものを目指すことが求められる。

「望ましさ」の要件として，理解・認識面では，
　①職業には貴賤がないこと
　② 職務遂行には規範の遵守や責任が伴うこと
　③ どのような職業であれ，職業には生計を維持するだけでなく，それを通して自己の能力・適性を発揮し，社会の一員としての役割を果たすという意義があること

などが挙げられる。
　また，情意・態度面では，
　① 一人一人が，自己及びその個性を，かけがえのない価値あるものとする自覚
　② 自己と働くこと及びその関係についての総合的な検討を通した，勤労・職業に対する自分なりの備え
　③ 将来の夢や希望を目指して取り組もうとする意欲的な態度
などが挙げられる。
　さらに，道徳において「生き方についての自覚を深め」ること，総合的な学習の時間において「自己の生き方を考えることができるようにする」ことがそれぞれ目標の一部とされており，各教科においても関連する学習内容が多く盛り込まれている。各学校における教育課程の編成に当たっては，各教科，道徳，総合的な学習の時間などの指導と特別活動との関連を図り，進路指導およびキャリア教育を推進・充実する必要がある。

（4）「与えられた正解」のない社会状況

　アメリカ，ニューヨーク市立大学大学院センター教授のキャシー・デビッドソンは，「現代の子どもの65％は，大学卒業後，今は存在していない職業に就く」と言い，イギリス，オックスフォード大学准教授のマイケル・A・オズボーンは，「今後10～20年程度で，約47％の仕事が自動化される可能性が高い」

と発表した。また，かつて経済学者のジョン・メイナード・ケインズは，「2030年までには，週15時間程度働けば済むようになる」と語った。このように，急速なグローバル化の進展や，情報通信技術などAI等に代表される予想をはるかに超えためざましい科学技術の進歩，かつてないスピードの少子高齢化の進行というような社会状況のめまぐるしい変化のなか，子どもたちは，もうすでに「与えられた正解」というものがない，先が予測しがたい社会状況のなかに生きている。このように社会や産業の変化が激しいなかにあって，次代を創造し，たくましく生きていくことが求められる子どもたちに，どのような教育が必要なのか，どのような資質や能力が大切なのかということを，今後さらにキャリア教育の視点から考えていかなければならない。

参考文献

文部科学省（2008）「中学校学習指導要領解説　総則編（平成20年9月）」．

教職問題研究会編（2009）『教職論　第2版――教員を志すすべてのひとへ』ミネルヴァ書房．

文部省（1983）『進路指導の手引――高等学校ホームルーム担任編』．

文部省（1955）『職業指導の手びき――管理・運営編』．

文部省（1961）『進路指導の手引――中学校学級担任編』．

国立教育政策研究所生徒指導研究センター（2002）「職業観・勤労観を育む学習プログラムの枠組み開発」．

文部科学省（2011）「中学校キャリア教育の手引」．

（名和　優）

表12－1　職業観・勤労観を育む学習プログラムの枠組み（例）

		小学校			中学校	高等学校
		低学年	中学年	高学年		
職業的（進路）発達の段階		進路の探索・選択にかかる基盤形成の時期			現実的探索と暫定的選択の時期	現実的探索・試行と社会的移行準備の時期
○職業的（進路）発達課題（小～高等学校段階） 各発達段階の発達課題は、職業的（進路）発達にかかわる諸能力を獲得していくという側面と、キャリア発達という、将来の職業人としての活動を展望しつつ必要な資質の形成を図るという側面から捉えたもの		・自己及び他者への積極的関心の形成・発展 ・身のまわりの仕事や環境への関心・意欲の向上 ・夢や希望、憧れを伴った将来への自己イメージの獲得 ・勤労を重んじ目標に向かって努力する態度の形成			・肯定的自己理解と自己有用感の獲得 ・興味・関心等に基づく職業観・勤労観の形成 ・進路計画の立案と暫定的選択 ・生き方や進路に関する現実的探索	・自己理解の深化と自己受容 ・選択基準としての職業観・勤労観の確立 ・将来設計の立案と社会的移行の準備 ・進路の現実吟味と試行的参加
職業的（進路）発達を促すために育成することが期待される具体的な能力・態度						
領域	領域説明					
人間関係形成能力	他者の個性を尊重し、自己の個性を発揮しながら、様々な人々とコミュニケーションを図り、協力・共同してものごとに取り組む。	【他者の理解能力】 自己理解を深め、他者の多様な個性を理解し、互いに認め合うことを大切にして行動していく能力 【コミュニケーション能力】 多様な集団・組織の中で、コミュニケーションや豊かな人間関係を築きながら、自己の成長を果たしていく能力	・自分の好きなことや嫌いなことをはっきり言う。 ・友達と仲良く遊び、助け合う。 ・お世話になった人などに感謝し親切にする。 ・あいさつや返事をする。 ・「ありがとう」や「ごめんなさい」を言う。 ・自分の考えをみんなの前で話す。	・自分のよいところを見つける。 ・友達のよいところを認め、励まし合う。 ・自分の生活を支えている人に感謝する。 ・自分の意見や気持ちをわかりやすく表現する。 ・友達の気持ちや考えを理解しようとする。 ・友達と協力して、学習や活動に取り組む。	・自分の長所や欠点に気付き、自分らしさを発揮する。 ・話し合いなどに積極的に参加し、自分と異なる意見も理解しようとする。 ・思いやりの気持ちを持ち、相手の立場に立って考え行動しようとする。 ・異年齢集団の活動に積極的に参加し、役割と責任を果たそうとする。	・自分の良さや個性がわかり、他者の良さや感情を理解し、尊重する。 ・自分の悩みを話せる人を持つ。 ・他者に配慮しながら、積極的に人間関係を築こうとする。 ・人間関係の重要性を理解し、コミュニケーションスキルの基礎を習得する。 ・リーダー・フォロワーの立場を踏まえて互いに支え合いながら仕事をする。 ・新しい環境や人間関係に適応する。	・自己の思いや意見を適切に伝え、他者の意志等を的確に理解し、適性な行動をとる。 ・他者に配慮しつつ、柔軟に考えや意見を述べ、協力・共同してものごとに取り組む。 ・異年齢の人や異性、多様な価値観を持つ他者を理解し、その場に応じた適切なコミュニケーションを図る。 ・リーダー・フォロワーシップを発揮して、相手の能力を引き出し、チームワークを高める。 ・互いに支え合う仲間を作る。
情報活用能力	学ぶこと・働くことの意義や役割及びその多様性を理解し、幅広く情報を活用して、自己の進路や生き方の選択に生かす。	【情報収集・探索能力】 進路や職業等に関する様々な情報を収集・探索するとともに、必要な情報を活用し、自己の進路や生き方を考えていく能力	・身近で働く人々の様子が分かり、興味・関心を持つ。	・いろいろな職業や生き方があることが分かる。 ・分からないことを、図鑑などで調べたり、質問したりする。	・身近な産業・職業の様子やその変化が分かる。 ・自分に必要な情報を探す。	・産業・経済等の変化に伴う職業や仕事の変化のあらましを理解する。 ・上級学校・学科の種類や特徴及び職業との関連を理解する。 ・生き方や進路に関する情報を、様々なメディアを通して調査・収集・整理し活用する。 ・必要に応じ、獲得した情報に創意工夫を加え、提示、発表、発信する。	・卒業後の進路や職業・産業の動向について、多面的・多角的に情報を集め検討する。 ・就職後の学校段階での学習の範囲や方法、上級学校での学習内容等がわかり、自己の進路計画に活用する。 ・職業生活に就く権利・義務や責任及び職業に就く手続き・方法などがわかる。 ・調べたことなどを自分の考えを交え、各種メディアを通して発表する。

212

第12章　学校教師の役割としての進路指導

能力				
将来設計能力 夢や希望を持って将来の生き方や生活を考え、社会の現実を踏まえながら、前向きに自己の将来を設計する能力	【職業理解能力】 様々な体験等を通して、学校で学ぶことと社会・職業生活との関連や、今しなければならないことなどを理解していく能力	・係や当番活動に取り組み、それらの大切さが分かる。	・施設・職場見学等を通して、働くことの意義や、いろいろな仕事や働く人の様子が分かり、興味・関心を持つ。	・将来の職業生活と学習との関連が分かり、学ぶことや働くことの意義を理解する。	・体験等を通して、社会の一員としての役割や責任、勤労の価値や必要性を理解する。
	【役割把握・認識能力】 生活・仕事上の多様な役割や意義及びその関連等を理解し、自己の果たすべき役割等についての認識を深めていく能力	・家の手伝いや割り当てられた仕事・役割の必要性が分かる。	・互いの役割や役割分担の必要性が分かる。 ・日常の生活や学習と将来の生き方との関係に気付く。	・社会生活にはいろいろな役割があることやその大切さが分かる。 ・仕事における役割の関連性や変化に気付く。	・学校・社会において自分の果たすべき役割を自覚し、積極的に役割を果たす。 ・ライフスタイルに応じた個人的・社会的役割や責任を理解する。
	【計画実行能力】 目標とすべき将来の生き方や進路を考え、それを実現するための進路計画を立て、実際の選択行動等で実行していく能力	・作業の準備や片付けをする。 ・与えられた時間や決まりを守ろうとする。	・将来の夢や希望を持ち、生活づくりに向けて計画づくりの必要性に気付き、作業の手順が分かり、計画づくりに取り組む。	・将来のことを考える大切さが分かる。 ・憧れとする職業を持ち、今しなければならないことを考える。	・生きがい・やりがいがあり自己を生かせる生き方や進路を現実的に考え、職業について情報を収集して理解し、選択計画を立て、自己の進路目標を設定することに取り組む。
意思決定能力 自らの意志と責任でよりよい選択・決定を行うとともに、その過程での課題や葛藤に積極的に取り組み克服する能力	【選択能力】 様々な選択肢について比較検討したり、葛藤を克服したりして、主体的に判断し、自らにふさわしい選択・決定を行っていく能力	・自分の好きなもの、大切なものを持つ。 ・学校でしてよいことと悪いことがあることが分かる。	・係活動などで自分のやりたい係、やれそうな係を選ぶ。 ・教師や保護者に自分の悩みや葛藤を話す。	・自己の個性や興味・関心等に基づいて、よりよい選択をしようとする。 ・選択の意味や判断・決定の過程、結果には責任が伴うことなどを理解する。	・選択の基準となる自分なりの価値観、職業観・勤労観を持つ。 ・多様な選択肢の中から、自己の意志と責任で当面の進路や学習を主体的に選択する。
	【課題解決能力】 意思決定に伴う責任を受け入れ、選択結果に適応するとともに、希望する進路の実現に向け、自ら課題を設定してその解決に取り組む能力	・自分のことは自分で行おうとする。	・自分の仕事に対して責任を感じ、最後までやり遂げようとする。 ・自分の力で課題を解決しようと努力する。	・生活や進路上の課題を見つけ、自分の力で解決することを目指して取り組もうとする。 ・将来の夢や希望を持ち、実現を目指して努力しようとする。	・学業や進路選択の過程を振り返り、次の選択場面に生かす。 ・よりよい生活や学習、進路や生き方等を目指して自ら課題を見出していくことについての必要性を理解する。	・将来設計、進路設計の実現を目指して、課題を設定し、その解決に取り組んで自らの力で進路や生き方を選択していく力を身に付ける。 ・理想と現実との葛藤や経験等を通し、様々な困難を克服するスキルを身に付ける。

（出典）「中学校キャリア教育の手引」（文部科学省　平成23年3月），18-19頁。

213

人名索引

ア 行

芦田恵之助　6
今津孝次郎　38
イリイチ，I.　13
ヴィゴツキー，L.S.　118
上杉憲実　149
ウェルカー，R.　11
ウォーラー，V.　12, 13
大村はま　38
小原國芳　187

カ 行

カウンツ，J. S.　12
カバリー，E.　12
空海　148
グッドマン，P.　13
グッドラッド，J.　13

サ 行

最澄　148
佐藤一斎　16, 178
沢柳政太郎　153
シーボルト，P. F. B. von　151
聖徳太子　147
ショーン，D. A.　16
鈴木三重吉　154

タ 行

スピノザ，B. De　1
ソーンダイク，E.　12
ソクラテス　92-93

タヤック，D.　12
トンプソン，J.　13

ハ 行

ハイイット，G.　10
ハッチンス，R. M.　167
広瀬淡窓　150
フォール，E.　167
福沢諭吉　151
フリードマン，M.　13
北条実時　149
ホール，G. S.　12

マ 行

森有礼　5, 153
森信三　6

ヤ・ラ 行

吉田松陰　150
ラングラン，P.　164
リーバーマン，M.　13
ローティー，D.　12, 13

事項索引

ア行

ICT　188
ICT支援員　176
『赤い鳥』　154
アクティブラーニング　187
足利学校　149
在り方生き方教育　209
生き方の指導　203
生きる力　19, 199
一種免許状　4
意図的教育　1
営利企業への従事制限　51
OECD　160
OECD国際教員指導環境調査　129-131
教えるプロ　180

カ行

化　184
外国人児童生徒支援員　176
改正教育令　152
ガイダンスの機能　194
開放制の教員養成制度　5
学習指導　63, 117
学習指導要領（試案）　159
学習指導要領改訂　160
学習集団　111
学制　151
学徒出陣　155
学徒動員　155
学級　110
学級経営　112, 124
学級編制　113
学校運営協議会　171, 176
学校間連絡協議会　171
学校教育法　2, 158
　　──第22条　56
学校警察連絡協議会　171
学校評議員制度　171, 176

家庭訪問　120
金沢文庫　149
咸宜園　150
期待すべき教員像　9
規範意識　190
義務教育学校　175
義務教育費国庫負担法　158
キャリア教育　198
教育委員会　8
教育課程　159
教育基本法　7, 134, 157, 179
教育公務員　94-96
教育実践演習　20
教育職員免許法　2, 7
教育相談　104
教育勅語　152
教育内容の現代化　159
教育の職業　3
教育の適時性　189
教育の不易と流行　178
教育のプロ　178
教育令（自由教育令）　152
教員　2
教員育成協議会（仮称）　23
教員採用選考試験　29
教員というライフコース　5
教員に求められる資質能力　9〜10
教員の資質低下　7
教員の地位に関する勧告　39
教員免許更新制　45
教員免許制度　8, 23
教員養成機関　8
教材研究　126
教師　2
教師の地位に関する勧告　161
教師の倫理綱領　161
『教授の社会学』　11
『教授法』　10
教職免許法　99

215

教　諭　100
規　律　191
勤労観　200
グローバル化　162
慶應義塾　151
『言志四録』　16, 178
限定は否定である　1
現・部活動支援員　169, 176
高貴なる者の責務　16
公共の精神　190
皇国思想　155
公　人　15
校長会　171
校内服務規程　48
公民学校　154
校務と職務　63
校務分掌　178
顧客（至上）主義　140
『国体の本義』　154
志　181
コミュニケーション・スキル　206

サ　行

サラリーマン教師　6
『三経義疏』　148
山家学生式　148
三船の才　149
自己改善　189
自己実現　180
私　人　15
指導改善研修　45
児童生徒の抱える問題　173
指導要録　120
師範学校　5
師範学校令　153
師範教育　5
師範教育令　154
社会人基礎力　205
社会性　190
十七条憲法　147
就職基礎能力　205
修士レベル化　162

十年経験者研修　40, 44
綜芸種智院　148
生涯学習　163, 161-170, 179
生涯学習社会　163, 164, 167-170
生涯教育　164-170
松下村塾　150
条件附採用　43
少子高齢化　162
昌平坂学問所　150, 178
情報化　162, 171
職業観　200
職業指導主事　196
職業の種類　3
職務上の義務　48
職務に専念する義務　49
初任者研修　40, 41
臣　民　155
『臣民の道』　154
信用失墜行為の禁止　50
信用を保証するもの（クレデンシャル）　13
進路指導　104, 193
進路指導主事　196
スクールガード・リーダー　176
スクールカウンセラー（SC）　176
スクールソーシャルワーカー（SSW）　176
ステークホルダー　176
生活集団　111
政治的行為の制限　50
成城小学校　153
清掃活動　123
生徒指導　103-104, 114, 122
席替え　115
潜在的カリキュラム　170
「千字文」　147
専修免許状　4
全体の奉仕者　52
専門家　11
『専門家としての教師』　11
専門的・技術的職業　3
争議行為の禁止　51
相当免許主義　24
率先垂範　182

事項索引

タ 行

大学院修学休業制度 46
大学院等派遣研修 46
単線型 158
地域住民から学校に寄せられる問題 173
地域連携担当教職員 169, 176
チームとしての学校 169, 175
チームワーク 206
チェックリスト 13
知識基盤社会 67
懲戒処分 53
通知表 119
「デモシカ」先生 6
寺子屋 150
道徳の時間 159
特設道徳 159
特別活動 103-104
特別支援教育支援員 176
特別の教科 道徳 101, 103-104, 161
特別免許状 4, 26
「友だち先生」 141-142

ナ 行

ニーズ 171
二種免許状 4
日本国憲法 157
人間としての在り方生き方 181
人間力 180
ノーブレス・オブリージュ 16

ハ 行

パターナリズム 140
八大教育主張 153
発達課題 118
発達障害の可能性 174
発達の最近接領域 118
反省的実践家 16

PISA 調査 160
秘密を守る義務 50
不易流行 10
「フォール・レポート」 167
複線型 158
普通免許状 26
分限処分 54
米国教育使節団報告書 157
『北条重時家訓』 149
法令及び上司の職務上の命令に従う義務 48
ホウレンソウ（報告・連絡・相談） 171
保護者から学校に寄せられる問題 173
ホームルーム 110
　ショート―― 113, 121
　ロング―― 113

マ 行

学び続ける教員像 179
学びのプロ 180
身分上の義務 48
明倫館 150
メンタルバランス 191
『孟子』 181
モチベーション 183
文章道 148
モンスター・ペアレント 107-108, 142-143

ヤ・ラ行

養護教諭 100
『ラーニング・ソサエティ』 167
リーダーシップ 206
理科支援員 176
臨時免許状 4, 26
レディネス 118
連合国軍 156
労働者としての教員 6
労働者論 161

執筆者紹介（執筆順，執筆担当）

津田　徹（つだ・とおる，神戸芸術工科大学基礎教育センター）第1章，第10章
　　　　　第2，3節

砂子滋美（すなこ・しげみ，芦屋大学臨床教育学部）第2章，第4章

佐野秀行（さの・ひでゆき，大阪人間科学大学人間科学部）第3章

堤　直樹（つつみ・なおき，福岡こども短期大学こども教育学科）第5章

山本孝司（やまもと・たかし，九州看護福祉大学社会福祉学科）第6章，第8章

齋藤正俊（さいとう・まさとし，神戸親和女子大学発達教育学部）第7章

広岡義之（ひろおか・よしゆき，編著者，神戸親和女子大学発達教育学部／大学
　　　　　院文学研究科）第9章第1-4節

名和　優（なわ・まさる，亀岡市立別院中学校）第9章第5・6節，第12章

塩見剛一（しおみ・こういち，大阪産業大学全学教育機構）第10章第1節

上寺康司（かみでら・こうじ，福岡工業大学社会環境学部）第11章

はじめて学ぶ教職論

| 2017年2月10日 | 初版第1刷発行 | 〈検印省略〉 |
| 2019年2月20日 | 初版第3刷発行 | |

定価はカバーに
表示しています

編著者　広　岡　義　之
発行者　杉　田　啓　三
印刷者　中　村　勝　弘

発行所　株式会社　ミネルヴァ書房
607-8494　京都市山科区日ノ岡堤谷町1
電話(075)581-5191／振替01020-0-8076

© 広岡義之ほか，2017　　中村印刷・清水製本

ISBN978-4-623-07563-8

Printed in Japan

教職をめざす人のための 教育用語・法規

広岡義之 編　四六判312頁　本体2000円

●190あまりの人名と，最新の教育時事用語もふくめた約860の項目をコンパクトにわかりやすく解説。教員採用試験に頻出の法令など，役立つ資料も掲載した。

これからの学校教育と教師──「失敗」から学ぶ教師論入門

佐々木司・三山 緑 編著　A5判190頁　本体2200円

●教職「教育原理」「教職の意義等にかんする科目」向けの入門書。各章末で，現在教壇に立つ現場教員の「失敗・挫折」を扱ったエピソードを紹介，本文と合わせて，そこから「何を学ぶのか」，わかりやすく解説する。

教育実践研究の方法──SPSSとAmosを用いた統計分析入門

篠原正典 著　A5判220頁　本体2400円

●分析したい内容項目と分析手法のマッチングについて，知りたい内容や結果から，それを導き出すための分統計分析方法がわかるように構成した。統計に関する基礎知識がない人，SPSSやAmosを使ったことがない人でも理解できるよう，その考え方と手順を平易に解説した。

事例で学ぶ学校の安全と事故防止

添田久美子・石井拓児 編著　B5判156頁　本体2400円

●「事故は起こるもの」と考えるべき。授業中，登下校時，部活の最中，給食で…，児童・生徒が巻き込まれる事故が起こったとき，あなたは──。学校の内外での多様な事故について，何をどのように考えるのか，防止のためのポイントは何か，指導者が配慮すべき点は何か，を具体的にわかりやすく，裁判例も用いながら解説する。学校関係者必携の一冊。

── ミネルヴァ書房 ──

http://www.minervashobo.co.jp/